GESTÃO DE NEGÓCIOS DE ALIMENTAÇÃO

CASOS E SOLUÇÕES

VOL. 2

ADMINISTRAÇÃO REGIONAL DO SENAC NO ESTADO DE SÃO PAULO
Presidente do Conselho Regional: Abram Szajman
Diretor do Departamento Regional: Luiz Francisco de A. Salgado
Superintendente Universitário e de Desenvolvimento: Luiz Carlos Dourado

EDITORA SENAC SÃO PAULO
Conselho Editorial: Luiz Francisco de A. Salgado
Luiz Carlos Dourado
Darcio Sayad Maia
Lucila Mara Sbrana Sciotti
Luís Américo Tousi Botelho

Gerente/Publisher: Luís Américo Tousi Botelho
Coordenação Editorial: Ricardo Diana
Prospecção: Dolores Crisci Manzano
Administrativo: Verônica Pirani de Oliveira
Comercial: Aldair Novais Pereira

Edição de Texto: Eloiza Mendes Lopes
Preparação de Texto: Maísa Kawata
Coordenação de Revisão: Janaina Lira
Revisão de Texto: Karen Daikuzono e Marcelo Nardeli
Coordenação de Arte: Antonio Carlos De Angelis
Projeto Gráfico, Capa e Editoração Eletrônica: Sandra Regina Santana
Coordenação de E-books: Rodolfo Santana
Imagens da Capa: iStock
Impressão e Acabamento: Visão Gráfica

Proibida a reprodução sem autorização expressa.
Todos os direitos desta edição reservados à
Editora Senac São Paulo
Av. Engenheiro Eusébio Stevaux, 823 - Prédio Editora
Jurubatuba - CEP 04696-000 - São Paulo - SP
Tel. (11) 2187-4450
editora@sp.senac.br
https://www.editorasenacsp.com.br

© Editora Senac São Paulo, 2023

Dados Internacionais de Catalogação na Publicação (CIP)
(Simone M. P. Vieira - CRB 8ª/4771)

Nishio, Erli Keiko
Gestão de negócios de alimentação: casos e soluções – volume 2 / Erli Keiko Nishio, Alexandre Martins Alves. – São Paulo : Editora Senac São Paulo, 2023.

Bibliografia
ISBN 978-85-396-3920-5 (impresso/2023)
e-ISBN 978-85-396-3921-2 (ePub/2023)
e-ISBN 978-85-396-3922-9 (PDF/2023)

1. Alimentos e bebidas : Hotelaria   2. Restaurante (Serviços)   3. Alimentos (Preparação)   4. Negócios de alimentação : Gestão   I. Alves, Alexandre Martins.   II. Título.

22-1798g   CDD – 647.95
                                                                       BISAC TRV022000

Índices para catálogo sistemático:

1. Alimentos e bebidas : Hotelaria   647.95
2. Negócios de alimentação : Gestão   647.95

ERLI KEIKO NISHIO • ALEXANDRE MARTINS ALVES

GESTÃO DE NEGÓCIOS DE ALIMENTAÇÃO

CASOS E SOLUÇÕES

VOL. 2

Editora Senac São Paulo - São Paulo - 2023

SUMÁRIO

NOTA DO EDITOR, 7

AGRADECIMENTOS, 8

1  A EVOLUÇÃO ESTRATÉGICA DA FUNÇÃO DE COMPRAS, 10

2  O QUE É *SUPPLY CHAIN MANAGEMENT* EM NEGÓCIOS DE ALIMENTAÇÃO, 18

3  COMPRAS: MODELOS E POLÍTICAS, 30

4  NEGOCIAÇÃO, 54

5  *MAKE-OR-BUY* (FAZER OU COMPRAR), 86

6 ESPECIFICAÇÃO DE MATÉRIA-PRIMA, 98

7 FICHAS TÉCNICAS OPERACIONAIS, 184

8 VALIDADE DO PRODUTO, 204

9 PRODUTIVIDADE COM USO DE TECNOLOGIA, 212

REFERÊNCIAS, 227

ÍNDICE DE CASOS, 233

ÍNDICE GERAL, 235

NOTA DO EDITOR

Depois do sucesso do livro *Gestão de negócios de alimentação: casos e soluções – vol. 1*, trazemos o volume 2, que aborda questões que ficaram de fora na primeira ocasião, com a utilização das mesmas estratégias: fotos e exemplos em abundância e uma teoria embasada.

Cases de diferentes estabelecimentos, como hamburguerias, restaurantes de comida japonesa, especializados em carnes, *à la carte*, pizzarias, lanchonetes, entre outros, são estudados pelos autores, que deram ênfase às soluções que podem ser aplicadas em cada situação.

Todos esses exemplos compartilhados pelos autores, no entanto, servem para aplicar a teoria apresentada com detalhes e instruções de preparo de ingredientes, cálculo de custo de pratos e de rendimento, especificação de matéria-prima, além de outros dados valiosos para fazer seu negócio de alimentação deslanchar.

Com este lançamento, o Senac São Paulo renova seu compromisso com a profissionalização e a atualização contínua nas áreas do comércio, da gastronomia, da administração e do marketing.

AGRADECIMENTOS

A construção do primeiro volume do livro *Gestão de negócios de alimentação: casos e soluções* foi um desafio. Registrar nossas experiências nesse formato nos deixou um pouco apreensivos, pois nos preocupávamos com que essa comunicação fosse de fácil entendimento. Acreditamos que conseguimos atingir o objetivo: a aceitação foi excelente e nos motivou com o sentimento de "queremos compartilhar mais". E foi exatamente esse incentivo que nos fez pensar neste segundo volume.

Inserimos neste livro os conhecimentos e as experiências que não foram possíveis de serem colocados no primeiro volume, mas seguindo a mesma linha: um material de fácil compreensão, com fotos e exemplos praticados para que o leitor aproveite e aprenda com nossas vivências.

Não teria sido possível desenvolver este livro sem o apoio de amigos, familiares e parceiros da área. Gostaríamos de registrar nossa gratidão a todos que colaboraram, direta ou indiretamente, para a realização deste projeto.

Nossos especiais agradecimentos aos parceiros e especialistas que nos forneceram informações e ajudaram a construir um material de qualidade.

- Ao professor Filippo Santolia, por seu propósito em elevar a qualidade do ensino.
- Ao fotógrafo Pablo Merilis, pela dedicação, tratamento e preocupação com as fotos utilizadas na obra.
- A Paulo Maia Junior, sócio-proprietário da Pescados Gabriela, que nos recebeu com alegria, disponibilizando sua empresa e sua equipe para uma sessão de fotos de pescados.
- A Rodrigo Andrade Matheus, médico-veterinário e especialista na cadeia de proteína animal, pela revisão técnica de nosso capítulo sobre carnes.
- A Rodnei Braun, sócio-diretor, e a Roberta Doriguello Fonseca, zootecnista e profissional de pesquisa e desenvolvimento, ambos do Frigorífico BB, por ceder as instalações do frigorífico e disponibilizar a equipe para uma sessão de fotos e revisão técnica sobre carnes.

- A Glaucia Fernandes Candido, nutricionista e engenheira de processos industriais, proprietária da GF Nutri Consultoria, pela colaboração na revisão técnica do capítulo sobre produtividade com uso de tecnologia.
- A Erik Momo, sócio-proprietário da rede Pizzaria 1900, pelo vasto conhecimento transmitido e pela revisão técnica do capítulo sobre farinhas.
- Ao restaurante Cortés Asador, que nos deu permissão de utilizar as fotos de sua casa.
- Ao fotógrafo Angelo Dal Bó e a Dani França Pinto, *chef* consultora e curadora em gastronomia de produção, que nos auxiliou na escolha de fotos e as cedeu gentilmente para uso na obra.

A todos vocês, nossos mais sinceros agradecimentos.

A EVOLUÇÃO ESTRATÉGICA DA FUNÇÃO DE COMPRAS

Sabemos que as compras, sejam de matérias-primas, bens ou serviços, podem representar a atividade responsável por mais de 50% dos custos de um negócio. Infelizmente, por muito tempo, essa importância foi considerada uma função apenas administrativa, e não estratégica.

No entanto, temos visto que a função de compras tem deixado de ser muitas vezes dispensável, que não precisa de grandes investimentos, para se tornar essencial aos empreendimentos, tornando-se uma etapa de lucratividade, e não de gastos. Os gestores dos negócios de alimentação passaram a compreender que, para vender bem, é necessário comprar melhor.

Os gestores começaram a perceber a necessidade de transformar suas compras em atitudes que levem à redução de custos, à melhoria da qualidade, ao aumento de competitividade no disputado mercado de alimentos e bebidas (A&B) e a uma maior lucratividade. Com isso, adotaram novas práticas não apenas de entendimento da importância de compras, mas também de gerenciamento dessa função.

Gaither e Frazier (2002) afirmam que o departamento de compras tem a missão de perceber as necessidades competitivas das matérias-primas, bens e serviços a serem adquiridos, responsabilizando-se pela entrega no tempo necessário, com baixo custo, alta qualidade e flexibilidade, além de desenvolver planos de compras que sejam coerentes com as estratégias do negócio.

OS ESTÁGIOS DO DESENVOLVIMENTO DE COMPRAS

Braga (2006) apresenta a função de compras desde sua posição como apenas um setor burocrático dentro de um empreendimento até seu patamar de contribuição estratégica, dividindo o desenvolvimento dessa função em quatro estágios, classificados de acordo com a natureza tática (fazer) ou estratégica (planejar).

Figura 1.1. Etapas do desenvolvimento da função de compras ou suprimentos.
Fonte: adaptado de Braga (2006).

Perfil tático: a equipe de compras está voltada para questões diárias e é totalmente operacional, visando ao curto prazo, imediato, "para ontem". Pretende ser eficiente, mas não se preocupa com a eficácia do processo.

- **Estágio 1 – reativo:** a equipe de compras está voltada para "apagar incêndios" e, por falta de planejamento das atividades, percebe que falta matéria-prima apenas na hora que precisa dela. Esse estágio agrega pouco ao processo de aquisição de produtos ou serviços, em que muitas vezes o setor de compras fica apenas com a formalização dos processos, ou seja, só emite os pedidos de compras, acompanha as entregas e formaliza contratos cujas cláusulas já foram negociadas anteriormente. São conhecidos como "colocadores de pedidos".
- **Estágio 2 – mecânico:** nesse estágio, apesar de a equipe ainda atuar de maneira mecânica, podemos perceber que há o início da centralização das compras, em que as solicitações passam a ser negociadas integralmente pelo setor, ou seja, centraliza as negociações e o contato com os fornecedores. O departamento se comunica melhor com o cliente interno para que este seja bem atendido. Ainda neste estágio, surge a preocupação com a redução de custos e são criadas algumas iniciativas, como otimizar o processo de cotação e o fluxo logístico, informar antecipadamente os fornecedores sobre necessidades de produtos e serviços, além do comprometimento dos pedidos de compras colocados junto desses fornecedores.

Perfil estratégico: a maior parte das atividades da equipe de compras está concentrada no estabelecimento e no desenvolvimento de relacionamentos com os fornecedores. Essa relação se fortalece nas negociações, no relacionamento a longo prazo, no desenvolvimento contínuo de novos fornecedores e na redução dos custos das compras. Ela não apenas repõe estoque, mas também atende às solicitações das outras áreas.

- **Estágio 3 – proativo:** nesse estágio, as funções de compras começam a se envolver com as estratégias do negócio. O cliente interno, ou seja, o requisitante do produto ou serviço, participa mais das compras, tendo também maior responsabilidade na definição dos aspectos técnicos e no custo da aquisição. O setor de compras começa a ter mais importância para o negócio, pois percebe que pode ajudar no fortalecimento da posição competitiva do negócio no mercado. Adota, portanto, novas técnicas, métodos e atividades. Os profissionais são reconhecidos como recursos importantes por causa da experiência estratégica que possuem.

- **Estágio 4 – gerência estratégica de suprimentos:** no último estágio, o setor de compras está totalmente integrado com a estratégia competitiva do negócio, reconhecendo seu papel para a obtenção de melhores resultados. Trabalha junto de outros setores para elaborar e implantar planos estratégicos, além de ser parte dessa estratégia. O setor passa a ser fundamental para o negócio, aliando inteligência e eficiência, e torna-se vital para o alcance do sucesso.
  A integração com a área financeira tem efeito positivo para a valorização do estoque de mercadorias e, em efeito cascata, reduz a quantidade de itens estocados, bem como a atividade operacional de contagem do inventário, que fica mais ágil e com menos erros.
  A comunicação com o setor de contas a receber e a pagar melhora o fluxo de caixa e possibilita que a área operacional planeje com mais eficiência suas necessidades de compras de itens não alimentares – reformas, utensílios, uniformes, etc. –, sem gerar desgastes.
  A participação constante na decisão de especificação de produto, rendimento, melhor custo-benefício e desenvolvimento de produto com a área operacional faz o trabalho fluir melhor e cria o espírito de equipe em busca da redução de custo da mercadoria vendida (CMV).
  A relação com fornecedores para encontrar fonte de abastecimento e preços de negociações mais interessantes melhora o CMV e o caixa financeiro do empreendimento.

Portanto, a adoção de metodologias para a implantação de conceitos mais estratégicos da área de compras pode melhorar a maneira de conquistar vantagem competitiva, reduzindo gastos e, consequentemente, aumentando a lucratividade.

AS MUDANÇAS CULTURAIS EM COMPRAS

Como vimos, a função de compras evoluiu nos últimos tempos. Se antes recebia as solicitações de compras e repassava aos fornecedores, hoje tem uma função estratégica dentro dos negócios, participando ativamente da obtenção de lucro.

Ou seja, os processos dos modelos de fornecimento, quando revistos, sofrem grandes mudanças nas compras, passando de uma função reativa e mecânica para uma função estratégica dentro dos empreendimentos (figura 1.2) Nesse cenário, aparece a expressão *supply chain* management, um conceito que vai muito além do que "pensar em comprar".

A evolução estratégica da função de compras | 15

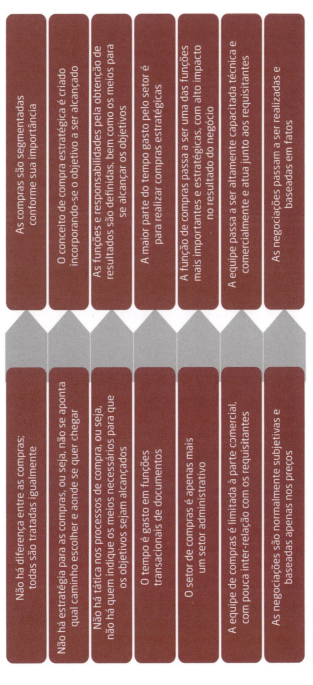

Figura 1.2. Mudanças culturais em compras.

CASO 1 – IMPLANTAÇÃO DO DEPARTAMENTO DE COMPRAS

Estabelecimento
Restaurante à *la carte* em São Paulo.

Cenário encontrado
O restaurante não dispunha de nenhuma pessoa que realizasse apenas as compras. Fossem funcionários da cozinha ou garçons, todos podiam ligar e pedir os produtos para os fornecedores. Processos de compras, como cotações, não existiam.

Quando faltavam produtos e não era possível esperar o fornecedor entregar, o supermercado próximo era o meio de abastecer o restaurante. E, para efetuar as compras, qualquer um dos colaboradores poderia ir até lá, ausentando-se de sua função principal.

Padronização de matérias-primas era um assunto totalmente desconhecido, inclusive pelos donos do negócio.

Encaminhamento e soluções
A primeira ação para resolver o problema foi definir quem ficaria com a responsabilidade de realizar as compras. Após os sócios compreenderem que a aquisição de produtos correspondia a quase 30% do faturamento, um deles se prontificou a ser o responsável por todo o processo que seria implementado.

Foram criadas etapas de controle de estoque, solicitação de compra, cotações, padronização de matérias-primas e procura por novos fornecedores.

Todas as solicitações de compra passaram a demandar um tempo hábil para cotar o produto ou serviço e definir o melhor fornecedor.

A implantação das soluções demorou aproximadamente seis meses.

Resultados
O restaurante organizou melhor seu estoque, reduzindo significativamente o volume de alguns produtos que antes eram estocados e que muitas vezes geravam desperdício. Além disso, atualmente, não há mais a necessidade de realizar compras de emergência em supermercados.

Com a padronização dos produtos e a busca por novos fornecedores, a qualidade do produto final passou a seguir um padrão de qualidade, deixando o cliente mais satisfeito e gerando mais lucratividade para o negócio.

Com a implantação dos processos de cotação de todos os produtos, os custos caíram significativamente, levando a uma redução do CMV de 31% para 25%. O impacto mais expressivo foi visto no grupo de proteínas, resultado de uma parceria firmada com um novo fornecedor.

O QUE É *SUPPLY CHAIN MANAGEMENT* EM NEGÓCIOS DE ALIMENTAÇÃO

Segundo Nishio e Alves (2019), realizar gestão significa administrar uma empresa ou instituição para que ela possa alcançar os objetivos desejados, manter o que já possui ou ampliar o negócio. Ainda segundo os autores, uma gestão deve ser realizada com base em um conjunto de processos que possibilitem que o empreendimento consiga se manter e progrida.

Vemos que os negócios de alimentação se preocupam mais em fornecer aos clientes boa comida e ter boa localização e estrutura arquitetônica impecável. Alguns criam excelentes controles de custos, e vários, inclusive, investem maciçamente na qualidade dos serviços que oferecem a seus clientes, fatores de extrema importância para o sucesso de qualquer empreendimento. No entanto, quantos negócios de alimentação se preocupam com o que, como e quanto produzir? Especificamente na área de compras, existem respostas fáceis para como, quanto e de quem comprar? Conhecem bem seus fornecedores e o mercado atual de suas matérias-primas? Além disso, preocupam-se em saber qual a melhor maneira de receber e armazenar as mercadorias?

Há uma frase famosa que diz que insanidade é fazer sempre a mesma coisa e esperar que os resultados sejam diferentes. Sabemos que existe uma constante necessidade de mudança, de "virarmos a página", além de nos reinventarmos diante das alterações de perfil dos consumidores, das novas tendências que surgem no mercado.

Não é possível gerenciar se não trabalharmos as integrações necessárias entre as áreas de um negócio. Elas devem ocorrer independentemente do tamanho do empreendimento, até mesmo em uma pequena indústria ou comércio, como cafeteria, pizzaria, hamburgueria, padaria, restaurante por quilo, etc.

A integração das principais áreas envolvidas, que permite o aumento da lucratividade por meio da gestão, é chamada de *supply chain management*.

CONCEITUAÇÃO

Podemos traduzir a expressão *supply chain management* como gestão da cadeia de suprimentos. Ela está relacionada a uma nova forma de movimentar os materiais necessários para o andamento do negócio, e sua aplicação consegue atender a diversos níveis de serviços, como verificação de disponibilidade de materiais e cumprimento de prazos, seguindo a qualidade exigida, com o menor custo possível, visando maior satisfação do cliente, criando valores significativos, aumentando as vantagens competitivas no mercado tão acirrado como o de alimentação e, consequentemente, aumentando o lucro do negócio.

Para não haver dúvidas, vale distinguir os conceitos de *supply chain management* e logística. Podemos dizer que *supply chain management* se refere à "cadeia de suprimentos", conforme as áreas descritas da figura 2.1.

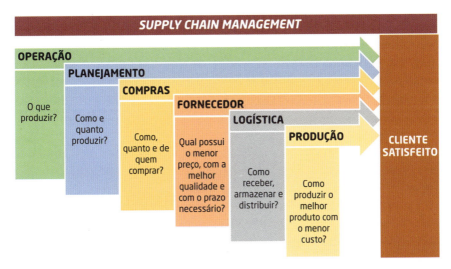

Figura 2.1. *Supply chain management* para negócios de alimentação.

Logística é o processo que envolve recebimento, armazenamento e distribuição de produtos. Para que ela seja eficaz e efetiva, deve haver boa comunicação de quais materiais, especificações, quantidade e preços atendem à demanda. Quando a logística se integra a outros processos, temos a *supply chain management*.

Assim, quando falamos de gestão de *supply chain*, referimo-nos à gestão da cadeia de suprimentos de todo o processo logístico de um produto, ou seja, que passa pela aquisição da matéria-prima, a fabricação dos produtos acabados até a entrega ao cliente final.

No processo da cadeia de suprimentos, há o envolvimento de vários personagens: áreas de operação, planejamento, compras, fabricantes de matérias-primas, distribuidores, varejistas e, no final, o ponto mais importante e pelo qual o negócio se mantém: o *cliente satisfeito*.

Segundo Chopra e Meindl (2003), para uma cadeia de suprimentos funcionar perfeitamente, ela deve englobar todos os estágios envolvidos, seja direta ou indiretamente, com a finalidade de atender, de maneira eficiente e eficaz, o pedido de um cliente. Para os autores, uma cadeia de suprimentos deve incluir, além de fabricantes e fornecedores, as transportadoras, os depósitos em que serão armazenadas as mercadorias, bem como os varejistas e os clientes.

Na cadeia de suprimentos de um negócio, deve-se incluir todas as atividades envolvidas para atender a um pedido, seja o desenvolvimento de novos produtos, seja as funções de marketing, operações, distribuição, finanças, serviço de atendimento ao cliente e, especificamente nos negócios de alimentação, a operação de *delivery* (entrega em domicílio) e/ou *take away* (retirada no local).

Desde 1960, a logística tem passado por grandes mudanças. Atividades que eram realizadas individualmente, buscando apenas a eficiência de seus processos internos, com o pensamento de "cada um no seu quadrado", hoje se tornaram mais integradas com outras áreas, levando em consideração o objetivo do negócio como um todo. O quadrado se tornou maior. A figura 2.2 mostra a transformação e a evolução da logística e da cadeia de suprimentos ao longos das últimas décadas (BALLOU, 2006).

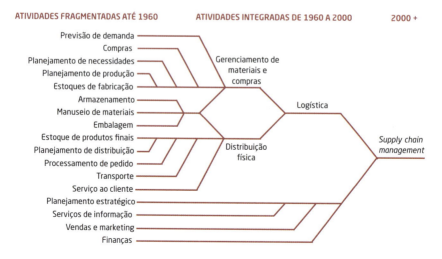

Figura 2.2. Evolução da logística e *supply chain management.*
Fonte: adaptado de Ballou (2006).

APLICAÇÃO E IMPORTÂNCIA

Supply chain management é um conceito amplo que envolve toda a cadeia de abastecimento, bem como diversas áreas de um empreendimento, e pode ser aplicado em negócio de alimentação de qualquer tamanho.

Quando damos a devida importância a essa cadeia, compreendemos que sua gestão é uma das mais importantes em um negócio, seja em uma grande indústria, seja em um pequeno bistrô. A área de *supply chain*, que envolve todos os setores descritos anteriormente, pode ser responsável por mais de 30% do faturamento.

Qualquer erro em uma das etapas da cadeia de suprimentos pode causar sérios problemas, que resultarão tanto na perda de receita, decorrente da possibilidade de falta de mercadoria, como também no desperdício de produtos, que envolve as áreas de recebimento, armazenamento e produção. Um estabelecimento de alimentação pode ter sua marca prejudicada, perder clientes fiéis e, se não tomar os cuidados necessários para atender às exigências de segurança alimentar, causar risco de prejudicar a saúde, levando até à morte.

Devemos compreender que, nas últimas duas décadas, os desafios se tornaram cada vez maiores para os negócios de alimentação. A concorrência aumentou, alguns estabelecimentos sofreram com a queda de movimento, os custos das matérias-primas aumentaram, surgiram problemas com a qualidade da mão de obra, sem contar a mudança de perfil dos clientes, que, de certa maneira, elevaram suas exigências tanto em relação à qualidade dos produtos quanto à prestação do serviço. Ou seja, enquanto os clientes exigem melhorias na qualidade dos serviços e querem produtos mais baratos com alta qualidade, na contramão, há certa escassez na qualidade da mão de obra e os preços pagos pelas matérias-primas sobem frequentemente.

Essas mudanças atingem diretamente a cadeia de suprimentos. O departamento precisa abastecer os estabelecimentos com produtos mais frescos, em menor quantidade, com menor custo e maior variedade e muitas vezes sem previsibilidade de consumo. Também precisa atender aos padrões de qualidade da área de produção e às exigências necessárias para a segurança alimentar, sem ignorar as questões de abastecimento e safras de produtos (hortifrútis, por exemplo) e as variações de preços das *commodities* (produtos produzidos em larga escala, que têm seus preços definidos pela oferta e procura no mercado internacional e que possuem, entre suas características, pouca industrialização, qualidade uniforme de produção, de grande importância mundial, alto nível de comercialização e ausência de diferenciação de marca). São exemplos de *commodities*: proteínas, milho, café, soja, trigo, açúcar, algodão, minerais e petróleo.

Pozo (2010) afirma que a área de *supply chain management* tem representado uma nova e favorável estratégia organizacional – importante reforçar, mais uma vez, que ela pode ser aplicada a qualquer tamanho de empreendimento gastronômico – para obtenção de vantagens competitivas, trazendo aos negócios uma mudança no desenvolvimento da visão competitiva do mercado, cujo objetivo é maximizar os potenciais relacionamentos da cadeia produtiva, conquistando o consumidor final.

Portanto, no mercado em que os negócios de alimentação estão inseridos, um ambiente cada vez mais dinâmico e de crescente concorrência por causa da oferta de produtos similares com alguma semelhança de preços, uma *supply chain* é determinante para se chegar ao sucesso ou levar ao fracasso. Envolver e comprometer diversas áreas visando o mesmo objetivo é a diferença que fará um estabelecimento continuar ou não em sua atividade.

O PROFISSIONAL DE *SUPPLY CHAIN MANAGEMENT*

Como vimos, no atual mercado alimentício, com o crescimento da concorrência, mudança de perfil dos clientes e necessidade de redução constante dos custos, a área de *supply chain* é fundamental para o sucesso de um negócio, pois ajuda na redução dos custos e desperdícios e no aumento da produtividade, possibilitando o retorno do capital investido rapidamente e com mais lucro para os estabelecimentos.

Para executar essa função central e de suma importância no planejamento estratégico do negócio, é preciso um profissional qualificado. Algumas empresas preferem "aproveitar" alguém da área de compras ou mesmo de produção para essa atividade, o que pode ser feito desde que a pessoa escolhida tenha interesse na função, uma visão macro do negócio e, principalmente, liberdade para exercer e executar suas atividades de maneira adequada.

São responsabilidades do profissional de *supply chain management*:

- **Planejamento, previsão de produção:** uma das coisas mais importantes em *supply chain* é saber o que e quanto será produzido. Para isso, o profissional deverá obter e criar ferramentas de previsão de demanda que garantam a eficiência da troca de informação com a área de produção, evitando compras de insumos em excesso ou comprando menos do que o necessário, o que levaria a uma superprodução, gerando, respectivamente, gastos indevidos com compras, produção e estoque ou falta de produtos para vender, não atendendo à demanda.

- **Compras:** deve acompanhar e ser responsável por todos os procedimentos de aquisição de mercadorias, garantindo a obtenção do melhor preço, na quantidade necessária e no prazo de entrega adequado para atender à demanda da produção.
- **Especificação de mercadorias:** o profissional deve conhecer as especificações das mercadorias solicitadas pela área de produção, para que possa questionar e oferecer possibilidades de custos menores.
- **Fluxo de mercadorias:** dentro do negócio, também é de responsabilidade do profissional de *supply chain*, pois é nos processos de recebimento, armazenamento e distribuição de mercadorias para a produção que ocorrem grandes desperdícios e desvios da lucratividade desejada pela empresa.
- **Planejamento estratégico:** deve participar das decisões e conhecer a fundo o planejamento estratégico do negócio, por exemplo, expansão, investimento em equipamentos e implantação de outros serviços. Essa participação nas decisões envolve não apenas as informações financeiras, mas também as de vendas e marketing, como número de clientes e *ticket* médio desejados, precificação dos produtos, entre outras.

A pessoa responsável pela área de *supply chain* precisa estar atenta a alguns pontos importantes:

- **Recursos humanos:** o profissional poderá ter de avaliar as forças de trabalho e os talentos das pessoas envolvidas no processo, a fim de certificar-se de que cada etapa será implementada corretamente. Nesse processo, o profissional de *supply chain* deve ser ouvido pelos responsáveis do negócio, apresentando argumentos para uma melhor tomada de decisão.
- **Recursos materiais:** alguns recursos materiais poderão ser necessários para se atingir o objetivo. Por exemplo, computador portátil, balança digital, câmera fotográfica ou celular com câmera de boa qualidade, e recursos básicos, como materiais de escritório.
- **Mentalidade estratégica:** não poderá se apegar apenas aos problemas de hoje e nos que poderão acontecer amanhã. O profissional de *supply chain* deve ter uma visão de futuro mais ampla, um pensamento

estratégico de como alcançar o objetivo, focando e construindo a trajetória necessária em curto, médio e longo prazo.

- **Organização:** ter uma boa organização é fator importante para administrar o tempo e se dedicar a coisas que realmente são importantes. Dessa maneira, a pessoa responsável pela *supply chain* será mais produtiva e exercerá seu trabalho com mais qualidade, não demorando para tomar ações necessárias na produção do negócio.
- **Boa desenvoltura interpessoal:** deve ter a habilidade de se comunicar bem, expressando suas ideias de modo adequado. Saber trabalhar em equipe é a chave do sucesso.
- **Aprimoramento:** a função exige constante aprimoramento dos recursos que podem melhorar a execução de todo o processo, visto que o mercado está sempre em transformação, seja atualizando modelos de gestão ou de produção, seja incorporando novas tecnologias. O gestor deve ser autodidata, porque nem todas as informações de que necessitará estarão disponíveis com facilidade, e, em diversas ocasiões, haverá a necessidade de investigar por conta própria.

O objetivo principal do negócio de alimentação, a lucratividade, não pode estar fragmentado em diversos setores do estabelecimento. Enquanto a meta for vista setorialmente, não se chegará ao resultado esperado e, ao final do período previsto, poderá apresentar pouca eficiência e talvez ainda prejuízo à empresa.

A função do profissional de *supply chain* deve ser agregar valor à lucratividade por meio de uma gestão inovadora e eficiente da cadeia de suprimentos, possibilitando aumentar a rentabilidade e o potencial competitivo do negócio no mercado.

CASO 2 – IMPLANTAÇÃO DO CONCEITO DE *SUPPLY CHAIN*

Estabelecimento
Rede de hamburgueria com unidades em várias cidades do Brasil.

Cenário encontrado
Nessa rede, que contava inicialmente com quatro lojas, o setor de compras não dispunha de nenhuma informação que pudesse ajudar no controle das quantidades solicitadas pelas unidades. Cada uma realizava a aquisição de produtos de maneira simples, sem critérios e procedimentos de compras.

Os setores financeiro, de marketing e de operação atuavam individualmente, ou seja, cada departamento dispunha de uma meta ou objetivo – se é que havia um –, e tentavam cumprir seus compromissos com a direção da empresa.

Recebimento e armazenamento de mercadorias eram de responsabilidade de cada loja, mas o gerente da unidade não dispunha de metas nem era responsável pelos eventuais desvios de mercadorias.

Encaminhamento e soluções
Foi contratado um profissional de *supply chain* com a função de criar a gestão da cadeia de suprimentos, para que, então, a empresa crescesse pelo Brasil de modo rentável.

A primeira ação foi contratar um profissional que centralizasse as compras. Além das obrigações diárias de compras, essa pessoa tinha de trazer inovações constantes para a área de produção, que mal dispunha de conhecimento de matérias-primas diferentes das que utilizava.

Uma vez que o profissional conheceu a situação financeira do grupo, ele buscou as informações sobre a previsão de quantidade de clientes e *ticket* médio desejados e, com isso, pôde prever a demanda de produtos acabados. Conhecendo as fichas técnicas dos produtos, previu as quantidades de insumos a serem compradas.

Implantaram-se procedimentos de recebimento e armazenamento de mercadorias e criou-se uma rotina de inventários diários de produtos da curva A, bem como inventários mensais das demais mercadorias. Também se passou a comparar as quantidades reais com as quantidades teóricas consumidas pela explosão das fichas técnicas dos produtos vendidos.

Resultados

O grupo abriu unidades em quase todo o Brasil, com 100% de garantia de lucro em todas.

Além disso, o custo da mercadoria vendida (CMV) foi reduzido de 46% para 22% em apenas seis meses a partir da implantação da *supply chain*.

O índice de desperdício calculado pela diferença entre o CMV real (quantidades consumidas pela contagem de inventário) e o CMV teórico (explosão das fichas técnicas dos produtos vendidos) caiu de 8,5% para apenas 1,35%.

COMPRAS: MODELOS E POLÍTICAS

Nishio e Alves (2019) afirmam que, para muitos negócios de alimentos e bebidas (A&B), as compras devem ser feitas com base na comparação de preços de alguns fornecedores – aquele que oferecer o menor preço ganha o pedido de compra.

Fonseca (2014) alerta que o processo de compras deve ser o mais criterioso possível, independentemente do tamanho do negócio, pois a cadeia de suprimentos é responsável pela movimentação de grande parte do dinheiro do empreendimento.

Além disso, como diz Alves (2018), não devemos nos esquecer de que o setor de compras tem a função principal de obter e coordenar o fluxo de suprimentos para atendimento das necessidades do setor de produção e venda, bem como deve adquirir as mercadorias considerando preço, condição de pagamento, prazo de entrega, qualidade e custo-benefício.

Assim, podemos afirmar que ter um setor de compras organizado e bem estruturado é de enorme importância tanto para a estratégia de crescimento do negócio de alimentação quanto para sua manutenção no mercado.

Conhecer modelos de compra e entrega praticados no mercado ajuda a chegar a uma negociação atraente.

MODELOS DE COMPRA

No segmento de A&B, há empreendedores com duas ou mais lojas que utilizam o mesmo método de compras e há aqueles que possuem metodologias diferentes para cada unidade. É o empreendedor quem decide se centralizará as compras em um único setor ou se deixará que cada loja se responsabilize pelas compras.

Costa (2016) define dois modelos de compra:

- **Compra centralizada:** existe apenas um setor no empreendimento que realiza todos os processos de compras. Ele é responsável por:
  - receber as solicitações de compra de todos os demais setores do empreendimento ou das lojas;
  - negociar preço e produtos para todos os setores ou lojas;
  - enviar os pedidos de compra ou ordens de entrega de todos os setores ou lojas para os diferentes fornecedores.

- **Compra descentralizada:** as decisões de compra são delegadas para várias pessoas, ou seja, não são centralizadas em apenas um responsável. Cada setor ou loja se responsabiliza por:
  - cotar e negociar produtos e preços diretamente com os fornecedores;
  - enviar o pedido de compra ou ordem de entrega para diferentes fornecedores.

Alves (2018) inclui um terceiro tipo de compra, a compra híbrida, que une os modelos centralizado e descentralizado, sendo, na sua opinião, muitas vezes a mais eficaz.

- **Compra híbrida:** os insumos mais importantes – proteínas, farinhas, bebidas, embalagens, etc. – são negociados no modelo centralizado. Já itens como materiais de limpeza e hortifrúti são negociados por cada loja, no modelo descentralizado.

Ainda segundo Alves (2018), decidir por um dos três modelos é bastante importante para um negócio de alimentação. No atual cenário, cada vez mais globalizado e competitivo, em que se exige cada vez mais que os estabelecimentos tenham estratégias para se destacarem, a decisão de como efetuar suas compras é essencial para se alcançar o objetivo desejado.

Para melhor compreensão, apresentaremos a seguir as vantagens e as desvantagens de cada modelo.

Compra centralizada

Costa (2016) explica que a compra centralizada é quando definimos que um escritório ou central de compras se responsabiliza por selecionar o fornecedor e analisar preços, reputação, confiabilidade, flexibilidade, condições gerais e pagamento.

Apenas o setor de compras atende a todas as demandas, identifica as necessidades das lojas dos departamentos, como administração e manutenção, e efetua a compra de maneira centralizada.

Portanto, somente o setor de compras tem contato com os fornecedores, inclusive, não é raro ser proibido que outras áreas da empresa tenham contato com os fornecedores sem que um responsável por compras tenha conhecimento ou participe de alguma parte do processo.

Alves (2018) cita algumas vantagens e desvantagens dessa estratégia de compra centralizada.

Vantagens

- Menor número de colaboradores no setor de compras.
- Evita que pessoas comprem produtos ou serviços de um ou vários fornecedores com preços e condições diferentes.
- Padronização de fornecedores, preços, produtos e prazos de pagamentos em razão do grande volume de compra.
- As decisões são tomadas por pessoas com visão global do negócio.
- As pessoas envolvidas são mais bem treinadas e preparadas para uma negociação.
- Padronização das estratégias de negociação.

Desvantagens

- A decisão é tomada por pessoas que, às vezes, estão distantes das situações cotidianas.
- A comunicação pode ser lenta, atrasando o processo e gerando maior custo operacional.
- As unidades podem perder autonomia para resolver problemas urgentes.
- Burocratização dos processos.
- Nem sempre o produto comprado para todas as unidades é realmente o que cada uma precisa.
- Se não houver sistema informatizado, pode-se perder informações.

A decisão de qual a melhor maneira de comprar, após análise dos prós e contras, sempre estará nas mãos do empreendedor.

A figura 3.1 resume o fluxo de documentos na compra centralizada entre as diversas lojas.

Compra descentralizada

Costa (2016) cita que, no modelo de compra descentralizada, alguns colaboradores podem comprar pequenos itens diretamente com o fornecedor, cada loja possui um departamento ou responsável que efetua as compras (figura 3.2).

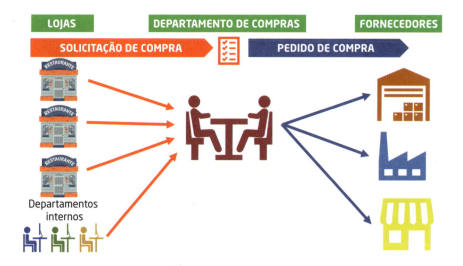

Figura 3.1. Fluxo de informações no modelo de compra centralizada.

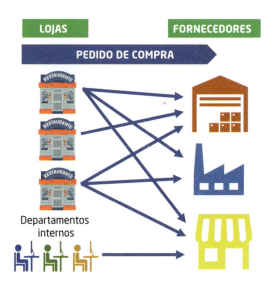

Figura 3.2. Fluxo de informações no modelo de compra descentralizada.

No modelo de compra descentralizada, como analisa Alves (2018), também há vantagens e desvantagens, que devem ser avaliadas pelo empreendedor antes de escolher o melhor modelo para seu negócio.

Vantagens
- Rapidez na tomada de decisões.
- Agilidade na negociação e no fechamento da compra.
- Cliente interno é atendido diretamente pelos fornecedores.
- Sensibilidade maior das necessidades que merecem urgência.
- Menor distância entre a produção e o setor de compras.
- Contato mais próximo com fornecedores locais.
- O empreendedor pode praticar a "política de guerra, de competição" entre os compradores das lojas, comparando os resultados.
- Possibilidade de maior controle de estoque pelo comprador.

Desvantagens
- Redução do ganho por escala de volume.
- Possível aumento de estoque por comprar além do necessário para reduzir os preços de negociação.
- Fornecedor pode não oferecer os requisitos ótimos de venda por perceber diferenças na capacidade de negociação dos compradores.
- Falta de padrão entre os produtos comprados.
- Prazos de pagamentos podem ser diferentes.
- Aumento do número de fornecedores.
- O mesmo fornecedor pode oferecer preços diferentes para lojas de uma mesma rede.
- Dificuldade de o empreendedor do grupo fazer gestão de compra.
- Dificuldade para negociar verbas de marketing ou ter ações para aumentar as vendas com os fornecedores em razão do baixo volume de cada compra.

Compra híbrida
O empreendedor não precisa definir para seu negócio um modelo único de compra, centralizada ou descentralizada, podendo implementar um sistema híbrido.

Alves (2018) propõe uma solução interessante para a implantação do modelo híbrido: criar alçadas de aprovação de compras, ou seja, até determinado valor, lojas ou comprador têm autorização prévia de compra sem a intervenção do departamento de compras central ou do empreendedor.

Uma maneira de resolver o problema da burocratização do modelo de compra centralizada é fazer o departamento de compras concentrar apenas as negociações, com um contrato de fornecimento, por exemplo, enviando a tabela de preços e os prazos de entrega negociados às lojas, mas deixando que estas comprem a quantidade necessária diretamente do fornecedor já definido (ALVEZ, 2018). Assim, a negociação ficará a cargo de um especialista no processo, porém a necessidade do produto será de responsabilidade do solicitante, sem a interferência do departamento de compras a cada pedido.

Outra possibilidade de utilização do modelo híbrido é centralizar as compras apenas dos produtos que tenham maior importância no processo de produção – seja em termos de custo, seja para garantir a qualidade –, e descentralizar as demais, que acabam ocupando um tempo muito grande de um especialista.

O modelo híbrido, portanto, aproveita as vantagens dos dois outros modelos, possibilitando que se obtenha condições mais favoráveis na gestão das compras (figura 3.3).

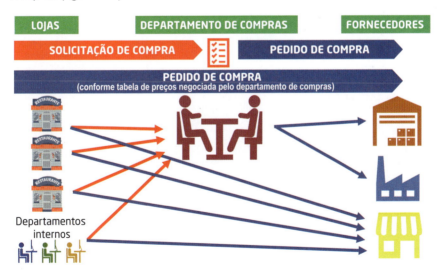

Figura 3.3. Fluxo de informações no modelo de compra híbrida.

CASO 3 – MODELO DE COMPRA HÍBRIDA

Estabelecimento
Rede de pizzaria.

Cenário encontrado
A rede não dispunha de procedimentos elaborados para efetuar as compras.

Mesmo tendo um setor de compras e uma pessoa destinada para essa função, vários setores na empresa também compravam sem a formalização correta dos pedidos. As unidades, algumas vezes, enviavam suas solicitações ao responsável pelas compras, porém, na hora do "aperto", temendo a falta de mercadoria, o gerente da unidade ligava para os fornecedores e efetuava a compra, com a justificativa de que o cliente poderia ser prejudicado caso o processo de solicitação demorasse.

Encaminhamento e soluções
Após a análise da situação e das possibilidades de resolução do problema, foram elaborados os procedimentos de compra com a anuência de toda a diretoria da empresa.

Algumas fixações de valores-limite de compras foram criadas conforme a responsabilidade de cada cargo e função. Também foi destacada a importância de que os produtos das curvas A e B, segundo o impacto financeiro (na curva A, estavam os produtos com gastos maiores; na curva B, os de gastos médios), deveriam passar, sem exceção, pelos procedimentos de compras. Os produtos da curva C (produtos com gastos menores) poderiam ser adquiridos diretamente de fornecedores até um valor de compra total previamente estipulado pela diretoria.

Foram realizados reuniões e treinamentos para todos os gestores, tanto das unidades como dos setores da empresa, nos quais se apresentaram os benefícios das novas regras para a empresa.

Demorou aproximadamente dois meses para uma completa conscientização e adaptação dos gestores, assim como para a implantação efetiva dos processos. As solicitações dos produtos das curvas A e B – como muçarela, farinha de trigo e queijo provolone – eram enviadas ao responsável, que realizava todo o processo de compra centralizada conforme os procedimentos previamente definidos para a aquisição desses produtos. Para os produtos da curva C – categoria dos materiais de escritório –, foi negociado um contrato com uma grande empresa especializada nesses itens, e cada setor e unidade podia solicitar o que precisava diretamente para esse fornecedor.

Resultados

Depois de um ano da implantação da forma híbrida de compra, a rede reduziu seus gastos em mais de R$ 250.000,00, destacando-se a redução no custo da mercadoria vendida (CMV) de 28% para 22%.

TIPOS DE ENTREGA DE MERCADORIAS

Em negócios de alimentação, podemos ter dois tipos de entrega:

- ponto a ponto (PAP) ou loja a loja;
- centralizada.

O que altera os tipos de entrega é saber antecipadamente onde as mercadorias compradas devem ser entregues, se diretamente nas lojas ou em um local específico que centraliza o recebimento, como uma loja ou um centro de distribuição (CD), a partir dos quais, posteriormente, vão ser feitas as entregas conforme as solicitações.

Saber antecipadamente como e onde será feita a entrega faz parte da negociação, pois ela afeta o custo da mercadoria a ser adquirida.

Entrega ponto a ponto (loja a loja)

De acordo com Alves (2018), na entrega ponto a ponto o fornecedor passa o preço com o frete ou a taxa de entrega considerando que a entrega do produto será efetuada no endereço informado, ou em vários locais caso o empreendedor tenha diversas lojas (figura 3.4).

Figura 3.4. Fluxo de informações no modelo de entrega ponto a ponto.

É preciso ficar atento a esse aspecto durante uma negociação. Caso a compra seja o total solicitado de várias lojas, por exemplo, é de suma importância que o fornecedor saiba que, apesar de estar negociando um grande volume, a entrega não ocorrerá em apenas um endereço, mas que quantidades possivelmente diferentes deverão ser entregues em diversas lojas.

Essa informação fará diferença no cálculo do preço a ser negociado, pois o custo da logística de entrega será acrescido caso o volume total da compra não seja entregue em apenas um endereço.

Entrega centralizada

Na forma de entrega centralizada, a negociação de compra deve considerar que haverá apenas uma entrega – diferentemente do tipo ponto a ponto –, mesmo que várias lojas tenham solicitado as mercadorias (figura 3.5).

Figura 3.5. Fluxo de informações no modelo de entrega centralizada – centro de distribuição.

O responsável pela negociação e pelas compras deve levar em consideração que, posteriormente, a distribuição dessas mercadorias para as unidades solicitantes será realizada e que haverá um custo a ser considerado no preço final do produto. Esse custo também deve ser lembrado na comparação dos preços informados pelos fornecedores.

Alves (2018) afirma que, na entrega centralizada, é preciso considerar a contratação de uma empresa, normalmente chamada de operador logístico, que receberá os produtos adquiridos, armazenará e fará a distribuição conforme a necessidade das lojas por um valor que deve ser incluído no custo final do material.

Vantagens e desvantagens

Podemos citar alguns pontos importantes e vantagens e desvantagens entre as entregas ponto a ponto e centralizada.

- **Quantidade:** na entrega ponto a ponto, as lojas devem obedecer às condições de entrega dos fornecedores – como quantidade mínima para cada deslocamento –, enquanto na centralizada a entrega será realizada para um centro de distribuição (CD), para o qual as lojas vão solicitar as quantidades necessárias.
- **Estoque:** dependendo da quantidade solicitada, o estoque do empreendimento poderá ser mais alto no tipo de entrega ponto a ponto do que na entrega centralizada, pois, por exemplo, a loja, em vez de solicitar uma caixa de álcool 70% no ponto a ponto, poderá solicitar algumas unidades de álcool 70% na entrega centralizada.
- **Preço:** apesar de o preço ser normalmente menor na compra centralizada, pelo fato de provavelmente se comprar diretamente de fabricantes, deve ser considerado o custo de transporte da distribuição dos produtos, realizada pelo CD, para cada uma das unidades da rede.

O profissional responsável pelas compras deve sempre analisar as vantagens e as desvantagens de cada tipo de entrega no momento em que estiver negociando o contrato de compras, verificando qual será mais rentável para o negócio.

CASO 4 – TIPOS DE ENTREGA

Estabelecimento
Rede de restaurante de comida japonesa.

Cenário encontrado
A rede centralizava o recebimento de salmão em uma loja para, depois, redistribuir às demais unidades.

Para isso, utilizava uma pessoa da operação que era deslocada para realizar a entrega e uma van, que tinha gastos com combustível, manutenção, seguro do veículo, etc.

A rede não havia somado os custos dessa operação no valor final do salmão.

Encaminhamento e soluções
Foi verificada a questão que gerava grande transtorno tanto para a loja que centralizava as compras quanto para as que recebiam, pois nem sempre havia uma pessoa disponível para realizar a transferência.

Devemos somar outros problemas que acabaram sendo gerados com esse tipo de operação: questões financeiras e fiscais, pois os produtos eram transferidos sem nota fiscal, e segurança alimentar, pois a van não era adequada para o transporte de produtos alimentícios refrigerados.

Após negociação com o fornecedor, que sempre acreditou que o volume era apenas de uma loja, ele concordou em manter o mesmo preço para realizar a entrega ponto a ponto desde que o pedido de compra atingisse um valor mínimo, o que pelo preço do salmão e pela quantidade necessária de cada loja era uma exigência fácil de ser seguida.

Resultados
As compras de salmão passaram a contar com a entrega ponto a ponto, não ocasionando aumento do custo da matéria-prima.

Também não foi mais necessário que um funcionário abandonasse suas atividades na operação para realizar a transferência do produto. A van, sem mais utilidade, foi vendida, e a rede passou a economizar com combustível, estacionamento, manutenção e seguro do veículo, etc.

CANAIS DE DISTRIBUIÇÃO

Costa (2016) ressalta a importância de considerar os custos de distribuição no preço final dos produtos quando relata as etapas para movimentar um item do fabricante até o consumidor final. Nesse caso, o fator principal é o custo do transporte.

Canais de distribuição são fabricantes, atacadistas, varejistas, vendedores, promotores, distribuidores e intermediários. É por meio desses canais que os produtos chegam até o negócio. Segundo Alves (2018), da mesma maneira que devemos saber se a entrega será ponto a ponto ou centralizada, o que claramente interferirá no preço final, também temos de considerar de qual canal iremos obter o produto que desejamos comprar.

Entre os vários canais citados por Costa (2016), vale ressaltar os mais utilizados em negócios de alimentação.

- **Distribuição direta:** a compra é efetuada diretamente com o fabricante.
- **Distribuição indireta:** a compra recorre a intermediários, como atacadistas ou varejistas.
- **Distribuição geral:** do mesmo modo que a indireta, há a intervenção de intermediário, que repassa e estoca os produtos.

Todos os tipos têm vantagens e desvantagens, e, independentemente do canal de distribuição escolhido, vão impactar no custo final do produto.

Na distribuição direta (figura 3.6), a vantagem de comprar diretamente do fabricante é normalmente o preço diferenciado, pois não há o custo de intermediários (ALVES, 2018). Já a desvantagem é a quantidade mínima que o fabricante pode exigir para a compra; nesse momento, devemos questionar se o volume exigido não é demais para a real necessidade, se há condições de estocar, se não há risco de a validade do produto vencer até utilizarmos todo o volume comprado, se vai impactar no fluxo de caixa, etc.

A distribuição ou compra indireta (figura 3.7), em que efetuamos a compra de atacadistas e varejistas, pode ser desvantajosa se compararmos seu custo com o da compra direta da indústria. Porém a compra indireta permite comprar uma quantidade menor, que talvez atenda melhor à necessidade do negócio.

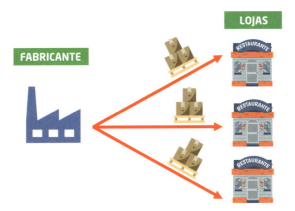

Figura 3.6. Fluxo de informações na distribuição direta.

Figura 3.7. Fluxo de informações na distribuição indireta.

Já a distribuição geral ocorre quando compramos do fabricante e solicitamos que a entrega do volume total da compra seja feita em um intermediário, normalmente um operador logístico ou uma unidade grande da rede (figura 3.8). Esta pode ser uma opção interessante, mas também exige que se inclua esse custo de serviço no preço final do produto.

Todas as formas de canal de distribuição são corretas, todas têm vantagens e desvantagens. A decisão de qual escolher sempre vai caber ao negociador, que deverá calcular criteriosamente a opção mais vantajosa para o negócio.

Figura 3.8. Fluxo de informações na distribuição geral.

CASO 5 – CANAIS DE DISTRIBUIÇÃO

Estabelecimento
Rede de sanduíches na cidade de São Paulo.

Cenário encontrado
A rede comprava quase todas as matérias-primas de varejistas ou distribuidores. Acreditava-se que essa era a melhor opção, pois agregava volume de compra e, assim, conseguia melhores preços.

Foram analisadas a curva ABC de compras, e nos cinco primeiros produtos, que representavam mais de 40% das compras (curva A), fez-se um estudo sobre a viabilidade da mudança do processo. Percebeu-se, então, que dois produtos (gordura vegetal e batata para fritura) poderiam ser fornecidos diretamente pela indústria fabricante da gordura e pelo produtor da batata.

Encaminhamento e soluções
- Gordura vegetal: a indústria fabricante foi contatada, e o volume de compra atual e o projeto de crescimento da rede foram apresentados, mostrando os volumes futuros de que a rede precisaria em pouco tempo. Foram negociadas as quantidades de compra com entrega ponto a ponto, bem como a fixação de preços mensais.
- Batata: novos fornecedores especializados em batata para fritura foram apresentados, e as amostras encaminhadas para aprovação. Após a aprovação pelo departamento de gastronomia, as negociações foram iniciadas.

Resultados
- Gordura vegetal: com a compra direta da indústria fabricante, a rede economizou aproximadamente R$ 21.000,00 por mês. Além disso, estabeleceu-se uma relação com um novo parceiro, que acabou fornecendo outros produtos bem mais baratos do que de outros fabricantes.
- Batata: em média, na época da análise, a rede pagava em torno de R$ 5,50 o quilo da batata para fritura, para um volume de 8 toneladas/mês. Após a busca por novos fornecedores, o preço caiu para em torno de R$ 3,10, gerando uma economia mensal de mais de R$ 24.000,00.

Ao mudar a forma de compra (de indireta para direta) de apenas dois produtos, a rede passou a economizar mais de R$ 55.000,00 por mês.

CENTROS DE DISTRIBUIÇÃO E OPERADORES LOGÍSTICOS

Sabemos que o mercado de negócios de alimentação tem crescido bastante nas últimas três décadas e que se tornou uma área com muita competição. Ao mesmo tempo que vários estabelecimentos surgem com novas propostas, infelizmente vemos o fechamento de outros, o que comprova que cada negócio precisa compreender sua posição, realidade e competitividade para continuar no ramo.

Se o empreendimento conseguir pequenos ganhos em seus custos e maior rentabilidade nos lucros, é possível que o negócio tenha mais vantagem competitiva sobre um outro, o que mostra como é importante o processo de aquisição de mercadorias e como ele pode colaborar para a melhoria dos resultados.

Uma das possibilidades para aprimorar o processo de aquisição de mercadorias é contratar centros de distribuição ou operadores logísticos.

Pires (2010) afirma que, ao longo dos últimos anos, várias abordagens em logística e suprimentos têm sido utilizadas para alavancar, melhorar a competitividade das empresas, recuperar a rentabilidade, bem como atender mais rapidamente às necessidades dos consumidores, evitando falta de padrão e de produtos. A gestão da cadeia de suprimentos é o caminho em que a maioria das empresas vê potencial de melhorar seu desempenho e de agregar valor aos seus produtos e serviços. Nesse sentido, é preciso ter um operador logístico consciente de seu papel como agente da cadeia, que atua direta e constantemente para a melhoria de seus serviços, e da importância de uma operação integrada até o cliente final. Esse operador logístico, o agente da cadeia de *supply chain*, não pode ser individualista, ou seja, não deve buscar resultados isolados, mas, sim, visar à melhoria do desempenho da cadeia, sabendo que os benefícios devem atingir todas as etapas do processo.

Em resumo, os CDs são espaços estratégicos para armazenar mercadorias, devem ter uma localização excelente e contar com uma estrutura para facilitar o recebimento, a separação e a distribuição de mercadorias. Além disso, devem possuir uma agilidade no fluxo de produtos para garantir, ao final, redução dos custos de aquisição.

Conforme afirma Novaes (2007), operador logístico é o prestador de serviços que tem competência reconhecida em atividades logísticas, desempenhando funções que podem englobar todo o processo logístico de um negócio ou somente parte dele. No entanto, qualquer que seja a amplitude da terceirização do negócio, o processo deve ser tratado de maneira integrada, de modo a permitir a visão de todo o fluxo.

Alves (2018) descreve as principais vantagens de optar por serviços de operação logística na cadeia de suprimentos:

- Maior poder de negociação com fornecedores, pois aumenta a compra direta de fabricantes e a centralização de entregas.
- Redução do volume de estoques nos empreendimentos.
- Maior controle e poder de manter os materiais sazonais.

Mas, segundo o autor, também há desvantagens:

- Uma etapa a mais a ser considerada no fluxo de materiais.
- Aumento do custo dos produtos adquiridos, pois é preciso considerar o pagamento pela prestação de serviço.

A escolha de se ter um CD próprio ou a de contratar um operador logístico, que possibilite ganhos para a cadeia de suprimentos, deve ser analisada com cuidado.

Cada negócio de alimentação possui sua especialidade, o que consequentemente determina peculiaridades e variedades em suas mercadorias. Nessa gama de produtos, há desde os perecíveis até as embalagens, que serão adquiridos, armazenados e transportados. Para cada tipo de mercadoria, pode haver uma solução diferente que seja mais adequada e traga ao estabelecimento maior rentabilidade.

O empreendedor ou responsável pelo negócio de A&B mais uma vez é obrigado a analisar as possibilidades da cadeia de suprimentos, sempre considerando os resultados a serem obtidos em cada uma das contratações de CD ou operador logístico, com o objetivo de aumentar a lucratividade do empreendimento.

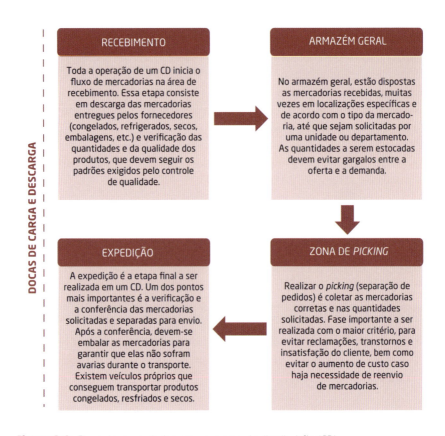

Figura 3.9. Fluxo de mercadorias em um centro de distribuição (CD).

CASO 6 – CENTRO DE DISTRIBUIÇÃO

Estabelecimento
Rede de hamburgueria com unidades em várias cidades do Brasil.

Cenário encontrado
Várias mercadorias importantes em termos de custo, pertencentes à curva A de compras, eram adquiridas de distribuidores ou varejistas.

Uma dessas mercadorias, utilizada em toda a rede e em grande volume, era o ketchup. O produto era adquirido de um dos distribuidores da marca, porém, mesmo a hamburgueria sendo a maior consumidora do produto no canal *food service* (negócios que prestam serviços de alimentação fora do lar, como restaurantes, cafeterias e lanchonetes), o fabricante não conhecia o cliente final.

Encaminhamento e soluções
A rede já dispunha de um centro de distribuição próprio, um galpão alugado com espaço suficiente para centralização e distribuição de algumas mercadorias e um serviço de transporte terceirizado, ou seja, uma transportadora especializada foi contratada para distribuir as mercadorias para todas as unidades.

Para a avaliação, se era ou não viável a centralização da compra do ketchup, primeiramente foi avaliado o espaço físico do CD, se poderia receber o volume de compra que a rede consumia.

Depois foi feito contato com o fabricante do produto, que imediatamente ficou interessado na possibilidade de compra direta e enviou um preço bem competitivo em relação ao do distribuidor.

Somou-se a esse custo de aquisição do produto o de movimentação dentro do CD, os financeiros e, claro, o de transporte/distribuição.

Resultados

Duas vantagens foram conseguidas com a utilização do CD para a compra de ketchup:

- A redução anual, contando com a diferença de preço paga pela compra direta e os custos adicionados ao preço final do ketchup com a centralização (custos financeiros e logísticos), gerou uma economia de mais de R$ 110.000,00.
- Houve uma aproximação comercial entre a rede e o fabricante, gerando ganhos secundários, como patrocínio das embalagens de *delivery* que utilizassem a marca do ketchup, bem como outras ações de marketing.

NEGOCIAÇÃO

4

Negociação é um processo de comunicação interativo estabelecido entre duas ou mais partes, na busca de um acordo para atender seus interesses (GUIRADO, 2012). Quando essas partes negociam, elas acabam passando por um processo de codificação de seus pensamentos, com o objetivo de influenciar a outra parte para que compreenda ou aceite seu ponto de vista.

Alves (2018) lembra que negociar é a arte de resolver conflitos, e que a todo instante estamos negociando alguma coisa, seja em nossa vida pessoal ou profissional. As negociações ocorrem diariamente, desde quando somos crianças até envelhecermos, e elas podem acontecer nas mais diversas situações, seja em casa, no trabalho, na escola, com os amigos, com os pais, com os parceiros, com os superiores e, claro, quando compramos em um estabelecimento.

Alto, Pinheiro e Alves (2009) definem a negociação como um processo dinâmico por meio do qual duas partes buscam um acordo mutuamente satisfatório, em que cada uma procura obter um grau ótimo de satisfação. Para eles, negociar é uma forma de encontrar um consenso sobre determinado assunto, quando uma ou mais pessoas desejam alguma coisa de outra ou de um grupo.

Assim, negociar é um processo que pode ocorrer entre duas ou mais pessoas, dois ou mais grupos ou, até mesmo, entre dois ou mais países. Pode ser um processo simples ou complexo, rápido ou demorado. No entanto, o mais importante é que negociar é ir em busca de um "sim", apesar de algumas vezes também ser necessário o "não".

Segundo Alto, Pinheiro e Alves (2009), as habilidades para negociar envolvem características individuais, como aptidão, competência, comunicação, talento, astúcia, sutileza, bom senso, concentração e observação.

Quando estamos negociando, devemos considerar as diferentes formas de se relacionar com a outra parte: negociar frente a frente, ter uma equipe especializada liderando as tratativas, negociar por telefone ou por outro meio de comunicação eletrônico.

Com certeza, realizar uma negociação frente a frente ajuda a criar uma relação personalizada e com maior probabilidade de firmar confiança entre as partes, conforme afirma Alves (2018). Quando temos a oportunidade de negociar pessoalmente, há uma relação verbal mais clara, além de a percepção do comportamento, perfil e linguagem corporal ajudar a direcionar o processo de negociação. E isso faz enorme diferença para qualquer processo de negociação.

Também é interessante negociar em equipe em vez de sozinho. Muitas vezes, em uma negociação, surgem assuntos complexos e específicos de áreas que mesmo um negociador habilidoso pode não ter conhecimento, como financeiro, jurídico, de recursos humanos, qualidade e marketing. Por isso, é importante que o negociador esteja acompanhado de especialistas de diferentes áreas, para que a negociação flua e se chegue aos resultados desejados.

NEGOCIAÇÃO POR MEIO DE TECNOLOGIAS

Atualmente, nem sempre temos a oportunidade de negociar pessoalmente, pois os fornecedores podem estar a quilômetros de distância de nosso negócio.

O negociador atual precisa saber usar as tecnologias de comunicação a favor de suas negociações, pois, caso não se atualize ou evite as novas exigências do mercado, pode prejudicar o sucesso de seu negócio.

Alves (2018) cita algumas formas de utilizar as tecnologias para uma boa negociação.

- **Telefone:** é ainda o meio mais utilizado para realizar uma negociação. Ao utilizar esse recurso, devemos estar atentos para que o tempo não comprometa a negociação, pois ligações telefônicas costumam ser rápidas. Para evitarmos possíveis erros de interpretação, caso não compreendamos alguma situação, devemos solicitar que se repita a informação (em uma conversa telefônica, não é possível analisar as expressões corporais da outra parte). Segundo Alves (2018), devemos estar atentos ao tom de voz do interlocutor, pois ele pode dar algumas indicações de como a negociação está caminhando, e, por telefone, uma negativa pode ocorrer com mais facilidade. Finalizada a negociação, recomenda-se sempre formalizar por escrito o que foi falado, enviando, por exemplo, um e-mail relatando os assuntos, detalhando ações, prazos, providências e tratativas negociadas. É a evidência dos temas discutidos por telefone.
- **E-mail:** as principais vantagens de e-mails em uma negociação são: baixo custo, registro do processo, economia de tempo e facilidade se for

preciso negociar em outros idiomas e não tivermos o domínio da língua para conversação. As partes da negociação podem escrever com calma, no seu momento, colocando todos os pontos necessários. No entanto, infelizmente, nessa forma de negociação, perdemos a possibilidade de analisar as expressões corporais e o tom de voz do interlocutor. Alves (2018) afirma que e-mails muitas vezes podem gerar erros de compreensão de sentimentos e causar problemas irreversíveis em uma negociação. Assim, é preciso ter cuidado para que a mensagem seja direta e objetiva. Por exemplo: "Vocês conseguem nos atender se fecharmos o pedido do produto X, na quantidade Y, ao preço de Z, com prazo de entrega A?". Recomendamos sempre copiar outros participantes da negociação na mensagem.

- **Videoconferência:** opção de baixo custo com a vantagem de possibilitar a interpretação da linguagem corporal, trazendo para a negociação um caráter mais pessoal, quase face a face. Nesse caso, é fundamental uma internet de qualidade, pois perder a conexão no meio de uma negociação pode ser desastroso. Alves (2018) alerta que, se resolvermos realizar uma negociação por esse meio, devemos nos certificar antes da qualidade do sinal de transmissão, criando inclusive condições para não haver interrupções e barulhos externos que possam atrapalhar a conversa. Vale a recomendação de sempre convidar outros participantes.

- **Mensagens instantâneas:** a utilização de aplicativos de mensagens tem crescido bastante. O uso desse recurso traz agilidade em processos de negociação. Porém, infelizmente, muitas vezes esse meio é a única forma de negociação entre comprador e vendedor. Esse tipo de mensagem limita a quantidade de informações e qualquer tipo de percepção que se poderia ter em outras formas de comunicação. Alves (2018) esclarece que devemos recorrer a mensagens instantâneas apenas para confirmar informações, tirar dúvidas e tratar de assuntos breves, e que as mensagens precisam ser escritas objetivamente.

Ainda segundo Alves (2018), existem várias opções e formas de negociação que podem ser utilizadas de acordo com o momento e, principalmente, com o objetivo. Em uma negociação muito importante, deve-se evitar utilizar formas que não gerem interatividade entre as partes, mas, para uma confirmação apenas de data de entrega ou acompanhamento do pedido de compra, é válido enviar uma mensagem instantânea, por exemplo.

ELEMENTOS DE NEGOCIAÇÃO

Segundo Cohen (2000), existem três elementos essenciais utilizados na negociação: informação, tempo e poder, que pode ser traduzido como a autonomia para negociar.

- **Informação:** quando nos preparamos para uma negociação, é importante ter disponível todas as informações necessárias sobre o produto ou serviço em negociação e conhecer muito bem com quem irá negociar. Alves (2018) fornece um exemplo para ilustrar a importância da informação: em uma negociação de fornecimento de carne para um estabelecimento, é necessário saber quais são os fornecedores existentes no mercado, qual a variação de preço da arroba do boi (uma arroba corresponde a 15 kg de boi vivo) nos últimos tempos (tabela 4.1), qual a importância do volume que se pretende comprar, qual o poder de decisão da pessoa que vai negociar, enfim, deve-se levantar todas as informações possíveis referente ao assunto para que se possa realizar uma negociação que gere resultados satisfatórios para ambas as partes.

Tabela 4.1. Evolução de preço da arroba de boi.

Data	À vista (R$)	Variação no mês	À vista (US$)
01/09/2020	237,60		44,10
01/10/2020	256,80	8,08%	45,44
03/11/2020	276,95	7,85%	48,16
01/12/2020	271,60	-1,93%	51,89
17/08/2021	319,30	17,56%	60,61

- **Tempo:** conforme a famosa frase "a pressa é a inimiga da perfeição", é preciso saber usar o fator tempo para fazer uma boa negociação. Sabemos que uma negociação não tem tempo inicial e final preestabelecido. Um processo de negociação, para ser bem-sucedido, deve ser contínuo, envolvendo oferta, contraoferta, barganha, concessões e argumentos, até que se chegue a uma decisão, que pode ser positiva ou negativa (ALVES, 2018). Lembra um jogo de xadrez. O tempo, dependendo da situação e da negociação, pode favorecer uma ou outra parte, pois pode ser uma grande vantagem se soubermos o tempo que a outra parte dispõe para fechar a negociação.

Se o prazo de entrega do produto ou serviço for um ponto crucial na negociação, com certeza ele poderá afetar o resultado. Vamos imaginar alguns fatores em que o elemento tempo tem grande importância no processo de negociação (figura 4.1).

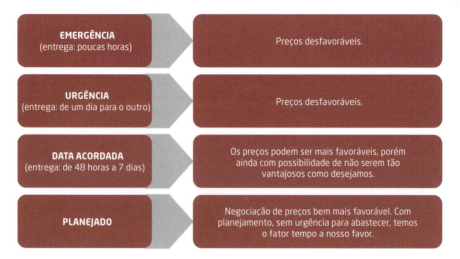

Figura 4.1. Fator tempo no processo de negociação.

- **Poder (autonomia):** quando falamos de autonomia nas negociações, nos referimos às pessoas que têm o poder de decisão. Uma negociação envolvendo pessoas com autonomia com certeza é mais fácil e ágil. Afinal, em geral essas pessoas têm mais informações e podem reduzir o tempo para se tomar uma decisão. Além disso, elas sabem quais são os limites de uma negociação sem correr o risco de serem prejudicadas, pois conhecem o ponto de equilíbrio. Pessoas com autonomia na negociação tomam decisões mais rapidamente do que indivíduos que têm que repassar os termos da transação para outras partes. Em geral, negociar com as pessoas que têm autonomia resulta em decisões melhores e mais rápidas.

PROCESSO DE NEGOCIAÇÃO

Algumas pessoas têm dificuldade em negociar, seja na vida pessoal ou profissional. Muitas, para não enfrentar uma negociação, ou sentem necessidade de impor suas vontades e exigências sem escutar a necessidade do outro, ou acabam aceitando as propostas que lhe são oferecidas, mesmo quando vão de encontro ao que esperavam.

Desse modo, ter determinadas atitudes e comportamentos no processo de negociação colabora para enfrentar as situações, e, mais importante, evita frustrações, confrontos desnecessários e possíveis prejuízos.

Fases da negociação

O processo de negociação possui as seguintes fases principais: preparação, discussão, proposição, barganha, efetivação do acordo e acompanhamento (ALTO; PINHEIROS; ALVES, 2009).

Seguindo essa linha, descreveremos cada uma, porém é preciso ter em mente que as fases não são seguidas de maneira rígida, ou seja, em determinados casos, elas podem ser alteradas.

Reforçamos que não existe um modelo fixo que defina todas as fases de uma negociação e quais são as atitudes que devem ser tomadas em cada uma dessas etapas. Conforme Alves (2018) alerta, cada negociação, cada produto ou serviço a ser negociado tem uma particularidade, e para cada processo deve ser desenvolvido um conjunto de habilidades e técnicas que façam com que o objetivo da negociação seja alcançado.

PREPARAÇÃO

Devemos iniciar uma negociação estabelecendo aonde desejamos chegar e quais os objetivos queremos alcançar (claro, até aonde a realidade nos permite chegar). Nesta fase, devemos também realizar o planejamento e o levantamento das informações do que será negociado (produto ou serviço) e conhecer os pontos fortes e fracos da outra parte.

DISCUSSÃO

Definimos onde e como será o encontro, bem como o meio que será utilizado para a negociação. Se for em uma sala que propicie uma reunião face a face, o resultado pode ser mais satisfatório; se não for possível esse cenário, escolha o melhor meio eletrônico para essa ocasião. Importante é criar um clima de abertura, reduzindo a tensão inicial normal de um processo de negociação. Em geral, assuntos genéricos são levantados para "quebrar o gelo", como o clima do dia. Logo em seguida, deve-se deixar claro os benefícios esperados, por ambas as partes, após o fechamento do acordo.

PROPOSIÇÃO

Devemos esclarecer os objetivos levantados sugerindo os possíveis cenários se a negociação for finalizada com sucesso. Por exemplo, utilize frases com "se" e "então", como "se você me der ou fizer X, então poderei realizar Y da forma como colocou em seus objetivos". É indicado dar condições em negociações para que a outra parte possa entender claramente o que ela pode ceder para obter o que deseja.

BARGANHA

Pode ser que, nesta fase, a outra parte faça uma contraproposta para o "se" e o "então" colocados na fase da proposição. Para isso, ela pode apresentar outro cenário, com outras condições. Nesse momento, deve-se ouvir atentamente as colocações contrárias e o que se esperava inicialmente. Cabe considerar essas objeções como oportunidades de detalhar ainda mais o objetivo desejado, com termos como "que tal se".

EFETIVAÇÃO DO ACORDO

O processo de negociação pode ir e voltar para a fase da barganha várias vezes até que se chegue à efetivação do acordo. Quando as fases anteriores são bem desenvolvidas e esclarecidas, atingir essa fase é bem mais fácil. Recomenda-se que toda a negociação seja registrada por escrito, formalizando os pontos acordados, para, assim, ambas as partes terem acesso às informações, facilitando a oficialização do acordo. Pode ser também o momento em que, distante da outra parte, os pontos positivos e negativos do resultado obtido são analisados, refletindo-se sobre o que pode ser melhorado em uma negociação futura.

ACOMPANHAMENTO

A última fase da negociação refere-se ao monitoramento do cumprimento do que foi acordado. É sempre importante verificar possíveis divergências do que foi combinado e do que está sendo efetivamente realizado. Caso haja divergências, deve-se comunicar por escrito a outra parte para que providências sejam tomadas rapidamente, corrigindo o problema.

Figura 4.2. Fases da negociação.

CASO 7 – FASES DA NEGOCIAÇÃO

Estabelecimento
Rede de hamburgueria com unidades em várias cidades do Brasil.

Cenário encontrado
No processo de formação de profissionais de compra, o gestor sempre deve se atentar não apenas a passar a teoria das negociações, mas também à prática, o que, claro, envolve reuniões com fornecedores.

Estava agendada uma reunião para negociar um contrato de fornecimento com uma grande indústria de sorvetes, da qual sabíamos que a rede de hamburgueria era um de seus maiores clientes.

Esse contrato era de grande importância, tanto pela participação do fornecedor na curva ABC de fornecedores (curva ABC de valores pagos a fornecedores, de maiores valores a menores, em ordem decrescente) quanto pela matéria-prima oferecida ser a base de vários produtos finais, como os *milk-shakes* (bebida à base de sorvete e leite).

Encaminhamento e soluções
Foi solicitado que o responsável da rede pela negociação perguntasse ao fornecedor quantas pessoas estariam na reunião, com o pretexto de que precisava reservar a sala mais adequada para acomodá-las. No entanto, a ideia real era levar mais pessoas da rede para a mesa de negociação do que o fornecedor. Foi informado que três pessoas estariam presentes, então, foram convocadas quatro pessoas da rede, todas negociadoras, para que pudessem acompanhar e aprender sobre um processo importante de negociação.

As informações quanto ao volume de compra dos últimos anos e preços pagos foram levantados, bem como o projeto de expansão de novas lojas para o Brasil, preparado pelo departamento de marketing, para serem apresentados à outra parte. Também foi necessário estudar o limite máximo de aumento de preço aceitável caso o fornecedor solicitasse um aumento. Esse limite foi definido em 13%. (Fase de preparação.)

A sala foi preparada para a reunião, os convidados chegaram e assuntos corriqueiros, como clima e as últimas férias de cada um, foram os primeiros temas falados, para descontrair o ambiente. Em seguida, a outra parte afirmou ainda ter interesse em continuar a fornecer os produtos, e dissemos que o interesse era recíproco. (Fase de discussão.)

As negociações começaram. O fornecedor, além de ter apresentado o crescimento do volume de compra, apresentou os índices de aumentos das matérias-primas, utilizadas na composição do sorvete, solicitando o reajuste do preço em torno de 18%. Foi explicitado que um aumento dessa magnitude inviabilizaria nosso produto final e que, infelizmente, teríamos de buscar outros canais de fornecimento. As duas partes utilizaram muitos "se" e "então" entre as várias proposições expostas. (Fase de proposição.)

Depois, pedimos para apresentar o projeto de expansão da rede para todo o Brasil e como isso afetaria os pedidos, mais que dobrando o volume de compras em determinado período. Após a apresentação, a outra parte, ainda mais interessada em manter o fornecimento, lançou a seguinte proposta: "Que tal um aumento, então, de 10%?". (Fase de barganha.)

Resultados
O acordo foi fechado considerando o aumento de 10% proposto, com o compromisso de aumentar o volume de compras para o próximo período. (Efetivação do acordo.)

Nosso objetivo era aceitar no máximo 13% de aumento. Com os 10% do acordo, a diferença de 3% geraria uma economia de quase R$ 54.000,00 mensais.

Como negociar estrategicamente com fornecedores

A criação de estratégias e a habilidade para conduzir uma negociação com fornecedores são decisórias para uma boa gestão de compras, eficiente (fazer a coisa certa com menor custo) e eficaz (fazer o que é preciso) para que os objetivos determinados sejam alcançados (NISHIO; ALVES, 2019).

Negociações estratégicas são essenciais para o sucesso de qualquer empreendimento, possibilitando preços melhores, prazos maiores com impacto financeiro positivo no equilíbrio do negócio, bem como melhoria na qualidade dos produtos ou serviços negociados, o que torna a empresa mais competitiva no mercado.

Nesse contexto, Alves (2018) apresenta pontos importantes que podem ser analisados e implementados no processo de negociação.

- Procure conhecer o mercado analisando fornecedores, materiais e serviços disponíveis, competitividade e tendências de mercado para o presente e o futuro.
- Planeje a negociação por escrito, pois trará maior controle e eficácia. Simule todas as abordagens possíveis. Pense no jogo de xadrez.
- Crie ou descubra talentos entre as pessoas da equipe que tenham facilidade para negociar.
- Sempre tenha alternativas para negociar.
- Conheça a outra parte da negociação, por exemplo, a sua função ou cargo, se tem poder de decisão, etc.
- Estabeleça objetivos e expectativas altos, porém realistas e passíveis de serem alcançados. Jamais entre em "leilão" com o fornecedor.
- Esteja disposto a satisfazer também algumas expectativas da outra parte, para isso, saiba quais concessões podem ser feitas sem prejudicar a negociação.
- Faça orçamentos antes. O fornecedor com o qual vai negociar deve ser valorizado, e é imprescindível que se crie um bom relacionamento. Mesmo que tenha interesse em fechar a negociação, deixe claro que poderá analisar outras opções, mas só fale isso se tiver certeza de que isso realmente pode ocorrer.
- Tente sempre realizar as negociações em seu escritório, pois é um campo mais conhecido e vai lhe dar mais segurança.

É possível acrescentar mais algumas estratégias importantes para o processo de negociação.

- Defina previamente os objetivos em relação aos prazos e preços que serão negociados. Tenha essas informações bem definidas para que se evitem escolhas erradas ao aceitar uma contraproposta na fase de barganha.
- Lembre-se de que o fator tempo é determinante para se obter um resultado satisfatório. Nunca comece um processo de negociação em cima da hora, ou seja, surgindo a demanda, a análise da negociação deve ser iniciada imediatamente, evitando, assim, incertezas que podem prejudicar a transação. Antecipar uma negociação deixa tudo mais estratégico e barato.
- Não comece uma negociação acreditando que está entrando em um ringue para confrontar um adversário. Também não acredite que, para se ter vantagem, a outra parte precisa perder. Trate a negociação como um processo de construção de parceria, em que o objetivo principal é a busca de um consenso, de modo que ambas as partes saiam vencedoras e consigam obter o máximo de proveito com o resultado final da transação, criando, assim, um relacionamento harmônico, equilibrado e duradouro.
- Escute antes de falar. Primeiramente, compreenda o que o fornecedor pode oferecer para, então, o negociador fazer uma contraproposta adequada aos seus objetivos. Evite falar muito para não entregar de uma só vez os limites e os objetivos que foram traçados na preparação da negociação.
- Evite tornar-se dependente de apenas um fornecedor, pois isso diminui seu poder para contra-argumentar pontos importantes para o sucesso do negócio.
- Nunca leve suas emoções para uma mesa de negociação, pois o processo precisa ser o mais profissional possível. A racionalização e o controle das emoções devem ser centrais nesse momento.
- Caso o fornecedor não conheça seu negócio, apresente. Faça uma apresentação que mostre uma boa imagem da empresa e inclua as previsões de crescimento do negócio.

CASO 8 – NEGOCIAÇÃO ESTRATÉGICA

Estabelecimento
Risoteria em *shoppings* no estado de São Paulo.

Cenário encontrado
Um dos alunos do curso de Gestão de Negócios de A&B havia inaugurado uma risoteria em um *shopping*, em São Paulo, com planos de crescimento. No entanto, estava com muita dificuldade para encontrar fornecedores. Os que ele conhecia não davam a atenção de que ele precisava, e isso poderia atrapalhar seu plano de negócio.

Encaminhamento e soluções
Depois de conhecer a unidade inaugurada e ter elaborado a curva ABC de produtos de compra, a primeira ação foi criar a apresentação e o conceito da risoteria, com todo o planejamento de crescimento para os próximos anos. O plano de negócio que estava apenas em planilhas eletrônicas passou a ser também uma apresentação, criada por uma agência de comunicação.

Mesmo tendo um volume pequeno de compra, mas com uma maravilhosa apresentação, algumas reuniões de negociações foram feitas com os possíveis principais fornecedores parceiros, em que também foram apresentadas o volume de compra atual e a projeção de crescimento com o plano de expansão.

Resultados
A rede de risoteria, que no início tinha apenas uma unidade, conseguiu fechar um acordo de fornecimento com um dos maiores fornecedores de bebidas não alcoólicas que incluía o recebimento de um aporte financeiro para ajudar no crescimento da rede.

O fornecedor também sugeriu que a empresa adequasse todos os materiais impressos, padronizando-os de acordo com o tamanho dos materiais de outros clientes, diminuindo os custos de impressão e tornando viável a produção de uma quantidade menor, para apenas uma unidade, até que o crescimento da rede fosse concretizado.

Firmou-se uma parceria com um fornecedor de arroz arbório em que foi oferecida a possibilidade de inserir a logomarca do parceiro nos materiais de divulgação da rede, o que gerou um ganho enorme com o recebimento de produtos bonificados, além de ser mais uma maneira de receber aporte financeiro.

Em relação às proteínas, a apresentação do plano de crescimento foi essencial, pois possibilitou que um fornecedor de proteínas porcionadas fechasse um acordo de fornecimento por mais de dois anos com a garantia de preços sempre abaixo do mercado.

Em 2021, a rede já dispunha de cinco unidades.

Ética nas negociações

Falar de ética em negociações remete à necessidade, primeiramente, de abordar o conceito de ética. O debate sobre esse conceito vem sendo estudado desde a época dos grandes filósofos gregos, quando tratavam da moralidade do ser humano. Em resumo, o estudo da ética está ligado ao que seria certo ou errado, trata-se de um código de princípios e valores que comandam como uma pessoa se comporta individual e coletivamente.

A ética nas negociações envolve a função da pessoa responsável pelas negociações e a maneira como essa pessoa constrói a relação com os fornecedores que serão contatados e poderão se tornar parceiros do empreendimento.

Temos sempre de tomar cuidado com os aspectos que envolvem o relacionamento de negociadores com seus fornecedores, dentro e fora dos negócios, para evitar erros de interpretação e entendimento. Algumas empresas tratam, em seu código de ética, dos processos de negociação, incluindo regras sobre ganhar "presentes" ou aceitar suborno de fornecedores.

Cabe a cada empreendedor decidir como seu negócio vai se comportar diante de possíveis assédios em negociações de fornecedores que têm a intenção de reduzir a pressão sofrida pelas pessoas responsáveis pelas compras (produtos ou serviços) e que oferecem quantias de dinheiro ou "presentes". Situações ou ações que podem ser compreendidas como um comportamento antiético devem ser evitadas para não gerar problemas mais sérios.

Alves (2018) afirma que se pode criar um conjunto de procedimentos éticos para ser implementado em negócios de alimentação e que trate das seguintes situações:

- Comportamento livre de suspeita (dentro e fora da empresa).
- Cumprimento de regras preestabelecidas que afetem as negociações.
- Conflito de interesses.
- Recebimentos de "agrados", como presentes e outros tipos de benefícios pessoais.
- Confidencialidade das informações da empresa.
- Comportamento ético nos processos de negociação.

Ter um código de ética que aborde os processos de negociação estabelece as diretrizes para se negociar e que coíbem ações indesejadas ou suspeitas.

O QUE NEGOCIAR ALÉM DE PREÇOS

Preço é a primeira coisa que nos vem à mente quando pensamos em iniciar um processo de negociação. Muitos negociadores acreditam que o objetivo principal é atingir o menor preço possível na aquisição de produtos ou serviços, mas existe um velho ditado que diz que "o barato pode sair caro". Devemos desconfiar quando recebemos alguma proposta com um preço muito baixo, pois isso nem sempre significa um bom produto ou serviço.

Como o preço é um fator que interfere diretamente no custo do produto final e, consequentemente, na lucratividade dos negócios, ele é ainda visto como o principal objetivo da maioria das negociações com os fornecedores.

Negociar um bom preço, afirma Alves (2018), faz parte da estratégia de qualquer negociador, portanto, compõe o plano estratégico de toda empresa. O objetivo de obter os menores preços deve ser um ponto relevante em uma negociação, mas o processo de compra também precisa levar a uma relação de ganho para ambas as partes, afinal, em uma relação ganha-perde, não se cria uma parceria, apenas um fornecimento esporádico.

Prazo de pagamento

Prazo de pagamento é um dos pontos importantes no processo de negociação. Quando um produto é vendido, o cliente pode pagar à vista, com cartão de crédito ou mesmo faturar para efetuar o pagamento futuramente. Nesse caso, o empreendedor aguarda um período após a venda até que receba o dinheiro, o que podemos chamar de **prazo médio de recebimento**. No entanto, quando o empreendedor efetua suas compras, ele também negocia para que o pagamento seja efetuado após alguns dias, criando, então, um período entre a data da compra dos produtos ou serviços e o pagamento efetivo ao fornecedor, o chamado **prazo médio de pagamento**.

Um negócio pode ter prazos médios de recebimento e de pagamento bem diferentes, existindo variações conforme os produtos ou serviços envolvidos na operação. Se esses dois prazos tiverem a mesma data, o dinheiro vai entrar no caixa do negócio e, instantaneamente, o pagamento das contas com os fornecedores vai ser efetuado.

No entanto, conforme afirma Alves (2018), isso nem sempre ocorre, pois pode acontecer um delta (ou diferença de dias) entre o prazo de recebimento e o de pagamento, prejudicando o caixa da empresa e sua condição de pagar as contas em dia. Assim, o prazo de pagamento pode ser negociado, dando ao empreendimento condições de efetuar seus pagamentos em data acordada, sem pagar juros por atrasos.

Qualidade e especificação

A rentabilidade dos produtos que vendemos depende dos preços que pagamos pelas matérias-primas utilizadas no processo produtivo. A rentabilidade pode ser melhorada com a negociação de preços mais eficientes, mas nem sempre conseguimos atingir o preço esperado, principalmente se os produtos estiverem com uma oferta baixa no mercado, por causa da sazonalidade, por exemplo.

É por essa razão que devemos estar atentos à questão da qualidade e especificação de produtos. Segundo Alves (2018), em um processo de negociação, seguindo a premissa de que devemos sempre observar o mercado de ofertas e ouvir as informações que a outra parte tem para passar, podemos descobrir que certa matéria-prima pode ser substituída por outra, talvez por uma de menor qualidade ou com outra especificação similar e que não interfira na qualidade do produto final. Nishio e Alves (2019) ressaltam que, quando especificamos as matérias-primas, estamos visando à redução de custos sem alterar a qualidade, os ganhos na gestão operacional e, o mais importante, a padronização do produto que será destinado ao cliente.

Alves (2018) recomenda que, em toda negociação, devemos pedir o envolvimento das áreas de qualidade e produção para que não restem dúvidas e para que seja garantida a qualidade final dos produtos.

Bonificação

Bonificação é a remessa de produtos sem cobrança pelo fornecedor. Esse tipo de recebimento também pode ser relevante ao negociar a aquisição de mercadorias.

De acordo com as definições de bonificação dadas por Alves (2018), elas podem estar vinculadas a um processo de negociação, por exemplo, promoções, cotas de venda, fidelização de fornecedores, etc. O recebimento de produtos bonificados faz com que o custo unitário médio daquela mercadoria diminua, pois funcionaria como um desconto dado no preço cobrado no seu pedido total.

A prática de bonificação entre alguns fornecedores é bastante comum, principalmente no setor de bebidas, alcoólicas ou não. Por conveniência entre as partes, a venda ocorre por meio de desconto "disfarçado" dos produtos, mediante entrega de uma quantidade maior do que a acordada.

Para não perder o controle de produtos bonificados, anote sempre a quantidade recebida para não perder essa vantagem.

CASO 9 – BONIFICAÇÃO DE PRODUTOS

Estabelecimento
Restaurante japonês localizado na cidade de São Paulo.

Cenário encontrado
O restaurante queria revitalizar o bar e precisava realizar algumas negociações com fornecedores de bebidas alcoólicas.

Segundo os cálculos, para melhorar o custo da mercadoria vendida (CMV) do drinque mais vendido, o preço da cachaça utilizada deveria ser 15% menor do que se pagava naquele momento.

Encaminhamento e soluções
Uma reunião foi marcada com o fabricante da cachaça, e nela foi apresentada a possibilidade de aumento de venda do drinque e, consequentemente, da compra de mais destilado, caso o cardápio destacasse a bebida com uma foto e a marca do fabricante. No entanto, para isso, o preço pago pelo produto deveria ser 15% menor.

O fornecedor relutou em dar esse desconto, afirmou que isso seria praticamente impossível para ele, porém deu a opção de que, a cada 20 unidades compradas, três seriam bonificadas, ou seja, 17 seriam pagas e três gratuitas.

Resultados
Se fôssemos comprar 20 unidades de R$ 40,00 cada, pagaríamos R$ 800,00. Porém, com a proposta da bonificação, pagaríamos as 17 unidades no valor total de R$ 680,00 (R$ 40,00 × 17) e receberíamos as outras três gratuitamente. Se dividirmos R$ 680,00 pelas 20 unidades recebidas, chegamos ao valor de R$ 34,00 por unidade, que era nosso objetivo inicial quando solicitamos os 15% de desconto no preço.

Entrega

Quando afirmamos que entrega é um fator importante nas negociações, estamos nos referindo às quantidades de entregas que os fornecedores realizam nos negócios. Caso haja a necessidade de entrega diária, por exemplo, com certeza o custo de transporte estará embutido no preço do produto.

Para analisar o panorama, devemos conhecer o pedido mínimo (quantidade mínima) que o fornecedor exige para que ele tenha condições de realizar as entregas e, depois, iniciar a negociação para reduzir as entregas e, consequentemente, diminuir o preço dos produtos.

Segundo Alves (2018), as quantidades ou frequências de entregas influenciam não apenas o volume do estoque, mas também o fluxo de caixa, porque as entregas mais espaçadas geram pagamentos também mais espaçados, o que pode melhorar o fluxo de caixa do empreendimento. Assim, o negociador deverá sempre avaliar a condição mais vantajosa.

Outra possibilidade é tentar manter o preço pago de um produto de entrega centralizada em uma entrega descentralizada, evitando, assim, custos com a redistribuição para as unidades, no caso de uma rede, por exemplo.

Transporte

Em geral, o custo de frete ou transporte, está embutido no preço de venda dos produtos. Negociar esse fator pode não reduzir o preço da unidade do produto, mas pode reduzir o preço total se o fornecedor desconsiderar o custo de transporte da entrega.

Muitas vezes essa redução de custo ocorre, quando descobrimos em uma negociação que, se as entregas se enquadrassem em uma grade ou roteiro de entrega específico do fornecedor, o custo de transporte não precisaria ser cobrado (ALVES, 2018), pois, caso contrário, estaríamos pagando por ele pelo simples fato de exigirmos que a entrega fosse efetuada em um dia específico, por exemplo.

Periodicidade da negociação

Outro fator a ser considerado é a periodicidade da negociação, ou seja, da fixação de preços por determinado período. É quando o fornecedor envia uma tabela de preços válida por um período, durante o qual os valores não podem oscilar.

Em negócios de alimentação, podemos considerar a periodicidade de fixação de preços por categoria (ALVES, 2018), por exemplo:

- **Proteínas:** por quinzena ou mês.
- **Hortifrúti:** por quinzena ou mês.
- **Mercearia (estocáveis):** por mês.
- **Material de limpeza e descartáveis:** por ano.
- **Produtos químicos para limpeza pesada:** por ano.
- **Embalagens:** por ano.

O fator periodicidade funciona muito bem quando damos garantia para o fornecedor de que, após fecharmos uma negociação, daremos exclusividade de compra a ele. Dessa maneira, ele terá segurança para garantir melhor preço e mantê-lo pelo tempo estipulado em comum acordo.

É preciso estar atento a um ponto importante nesse tipo de negociação: conhecer muito bem a sazonalidade dos produtos, para que não sejam estabelecidos preços que possivelmente teriam uma queda normal no mercado fornecedor.

Equipamentos em comodato

Comodato é um tipo de empréstimo de um bem que ocorre de maneira gratuita, ou seja, não envolve pagamento ou recebimento de valores.

Diferentemente do aluguel, que é a modalidade na qual recebemos a concessão de um bem em troca de pagamento, no sistema de comodato, a obrigação de quem recebe o bem é devolvê-lo nas mesmas condições em que ele foi emprestado, sem ter de efetuar pagamento durante o uso.

O empréstimo de um bem na forma de comodato tem vantagens para o fornecedor. Normalmente, essas vantagens estão atreladas à compra de seus produtos, que serão armazenados ou utilizados em seus equipamentos, na divulgação de sua marca ou na associação de prestação de serviços.

Um exemplo comum é o comodato de refrigeradores personalizados, que são emprestados aos restaurantes e bares pelos fabricantes de bebidas ou sorvetes. Nesse caso, os empreendimentos têm como vantagem não precisar comprar um refrigerador ou uma geladeira, destinando recursos financeiros para outras necessidades, enquanto os fornecedores ganham com a venda de seus produtos e publicidade da marca, de modo que a solução do comodato seja vantajosa para ambas as partes.

Outro exemplo são as máquinas de lavar pratos e copos. O fornecedor cede o equipamento, e o estabelecimento se compromete a adquirir exclusivamente os produtos que são compatíveis com a tecnologia daquela máquina.

Nos exemplos citados, vemos que tanto o fornecedor fideliza seus consumidores quanto os estabelecimentos acabam economizando na compra de equipamentos. Outra vantagem é que os custos de manutenção desses equipamentos são transferidos para o fornecedor que cede o comodato, desde que não seja detectado mau uso. Assim, quando um equipamento tem algum problema, o fornecedor é acionado para consertá-lo ou substituí-lo.

A prática de receber bens em forma de comodato é bastante comum nos negócios de A&B, sendo uma modalidade que facilita o acesso a determinados equipamentos que teriam de ser adquiridos de qualquer maneira, o que geraria um custo adicional ao empreendimento, sem contar com os possíveis custos com manutenção.

Treinamentos

Uma das grandes estratégias para melhorar uma gestão, seja na área administrativa, seja na área de operação, consiste em investir em desenvolvimento pessoal. Treinamentos e capacitações são formas de ampliar o desempenho das equipes, tornando-as mais inovadoras, criativas e produtivas, o que contribui mais para o sucesso do negócio.

Muitos fornecedores têm programas de treinamento e capacitação que podem motivar e atualizar as equipes de seus clientes, ensinando-as a utilizar as novas ferramentas que estão ofertando, e preparar ou mesmo criar novos produtos finais.

Por exemplo, as capacitações para *bartender* que são oferecidas pelos fornecedores de bebidas. Essas capacitações têm como objetivo ensinar o preparo de drinques e coquetéis com técnicas e conceitos que utilizarão os produtos disponíveis no catálogo do fornecedor.

Alguns fabricantes de maquinários voltados aos negócios de A&B capacitam os usuários para utilizar adequadamente seus equipamentos nas preparações das receitas ou no processo de embalar os produtos, como é o caso dos fornos combinados, máquinas que embalam a vácuo, ultracongeladores, etc.

Várias empresas e fabricantes de produtos de marcas famosas também têm cursos gratuitos de capacitação. Muitas oferecem treinamento para que seus produtos sejam utilizados nas preparações de receitas, assim como para a criação de novos produtos finais dos negócios de A&B, como sobremesas.

Assim, é importante pesquisar junto aos fornecedores os cursos disponíveis e utilizar esses treinamentos para oferecer capacitação continuada às equipes, ampliando sua eficiência.

COTAÇÃO DE COMPRAS COM METAS

Utilizar metas em cotações de preços pode ser uma atividade complexa e desafiadora, mas de extrema importância para se atingir resultados financeiros significativos para o negócio. As metas sempre podem ser aplicadas por produto, categoria, fornecedor e, possivelmente, elas são diferentes para cada caso.

Os negócios devem criar metas desafiadoras quando se trata de cotações. No entanto, isso deve ser feito após uma análise profunda e profissional de como atingi-las, pois, se forem muito agressivas, poderão desgastar o responsável pelas negociações por cobranças excessivas, acabar com relacionamentos com fornecedores parceiros, piorar a qualidade das mercadorias adquiridas e, desse modo, frustrar as expectativas criadas (ALVES, 2018). Metas muito suaves também podem levar os negociadores a resultados abaixo das expectativas e que não suprem as necessidades do negócio, além de trazer fornecedores que não se transformarão em parceiros.

Quando criamos metas para as cotações, devemos responder algumas questões que facilitam essa análise:

- Quais ações serão tomadas e consideradas para que as metas estipuladas sejam alcançadas?
- Existem riscos para se atingir as metas estabelecidas?
- Os recursos necessários para atingi-las estão disponíveis?
- De que maneira as metas de cotação impactarão, positiva e negativamente, os fornecedores?

As metas podem ser criadas com base em uma necessidade específica, uma necessidade sazonal e até mesmo de acordo com o conhecimento que se tem do mercado fornecedor.

Em relação à necessidade do negócio, específica ou sazonal, as metas são criadas para se obter certos resultados, por exemplo, redução de custo de matéria-prima em determinado período por causa da queda de venda que o negócio pode sofrer. Os objetivos também podem ser focados no aumento do prazo de pagamento dos fornecedores ou em um acordo inerente a apenas um fornecedor (e todas as técnicas de negociação das quais falamos devem ser utilizadas para se alcançar a meta desejada).

Alves (2018) define as metas com base no conhecimento do mercado como aquelas criadas pelo saber prévio da oferta, como o conhecimento de que determinada matéria-prima estará em alta de produção e o preço deverá ser reduzido pelo aumento de oferta do mercado. Esse tipo de meta é bastante empregado quando o negócio utiliza produtos sazonais ou comercializados internacionalmente, as chamadas *commodities*, das quais fazem parte carnes bovinas, soja, açúcar, milho, além de produtos que, apesar de não serem considerados *commodities*, são de extrema importância para os negócios de A&B, como os hortifrutigranjeiros. Esses produtos muitas vezes representam grande parte da compra do negócio de A&B, por isso, necessitam ainda mais que o negociador conheça o mercado e sua sazonalidade, pois isso é fundamental para negociar e obter os resultados esperados de redução de preço.

A redução de preço não precisa ser o único objetivo, as metas também podem focar em:

- Reduzir prazo de entrega.
- Aumentar prazo de pagamento.
- Reduzir custo de frete.
- Desenvolver novos fornecedores.
- Buscar novos produtos e tecnologias.

Conhecer as negociações anteriores é primordial para determinar os objetivos e riscos que o negócio pode tomar ao criar suas metas de cotação. Além disso, é preciso ter em mente alguns pontos importantes:

- Criar metas claras que possam levar a resultados concretos e ter pessoas responsáveis pela negociação bem informadas para que consigam, atingir os objetivos esperados.
- Ter prioridades na criação de metas, focando todos os recursos nas grandes ações que realmente trarão maior lucratividade ao negócio. Depois de atingidos os objetivos mais importantes, o negócio de A&B pode passar para a resolução de outras questões.

CASO 10 – COTAÇÃO DE COMPRAS COM METAS

Estabelecimento
Hamburgueria com três unidades em São Paulo.

Cenário encontrado
A hamburgueria não dispunha de processos de compras em suas cotações de preços, o que claramente demonstrava ineficiência nos valores pagos e, por consequência, prejudicava a lucratividade do negócio.

Encaminhamento e soluções
Uma das várias mudanças nos processos foi criar metas de compras que definissem a necessidade de:

- Desenvolver novos fornecedores.
- Realizar compras com metas de redução de preços de acordo com os últimos valores pagos.

As metas foram criadas e explicadas para a pessoa responsável pelas compras, e foram dados os treinamentos de negociação necessários. A motivação dessa pessoa foi surpreendente, pois, segundo ela, estava enfim sendo realmente uma compradora, e não apenas uma transmissora de pedidos.

De posse de uma planilha de cotação com metas, com os principais produtos da curva A, ela pôde dar prioridade ao que realmente impactaria na lucratividade do negócio. Na planilha, havia os últimos preços pagos. Foi colocado como meta reduzi-los em 8% e desenvolver relação com novos fornecedores.

Resultados
Após a compradora encontrar mais fornecedores e realizar as cotações utilizando técnicas de negociação que havia aprendido no treinamento, o resultado foi aplicado na segunda planilha, conforme apresentado na página a seguir.

Além da meta de redução de preços estipulada ter sido atingida, evitou-se um aumento nos preços pagos, visto que os fornecedores A e C cobravam mais do que se pagava anteriormente, o que geraria aumento do custo do hambúrguer e, consequentemente, redução da lucratividade do negócio.

O prazo de pagamento foi negociado para 21 dias (antes era de 15 dias), o que ajudou significativamente o fluxo de caixa do empreendimento.

As compras com metas foram implantadas em várias categorias de produtos, resultando em uma economia mensal de mais de R$ 14.000,00, além de motivar a compradora.

Material	Unid.	Meta de compra			Quant. solicitada	Fornecedor A			Fornecedor B			Fornecedor C		
		Preço anterior pago*	%	Novo preço		Preço	Cond. pag.	Total	Preço	Cond. pag.	Total	Preço	Cond. pag.	Total
Acém resfriado	kg	11,00	-8%	10,12	250,00									
Fralda resfriada	kg	15,30	-8%	14,08	180,00									
Gordura congelada	kg	6,10	-8%	5,61	95,00									
Peito resfriado	kg	10,20	-8%	9,38	240,00									
Total														

*Preços criados apenas para exemplificação da ferramenta.

Material	Unid.	Meta de compra			Quant. solicitada	Fornecedor A			Fornecedor B			Fornecedor C		
		Preço anterior pago*	%	Novo preço		Preço	Cond. pag.	Total	Preço	Cond. pag.	Total	Preço	Cond. pag.	Total
Acém resfriado	kg	11,00	-8%	10,12	250,00	12,00	15 dias	3.000,00	10,10	21 dias	2.525,00	11,20	15 dias	2.800,00
Fralda resfriada	kg	15,30	-8%	14,08	180,00	16,00	15 dias	2.880,00	14,00	21 dias	2.520,00	16,00	15 dias	2.880,00
Gordura congelada	kg	6,10	-8%	5,61	95,00	6,50	15 dias	617,50	5,60	21 dias	532,00	6,50	15 dias	617,50
Peito resfriado	kg	10,20	-8%	9,38	240,00	10,90	15 dias	2.616,00	9,20	21 dias	2.208,00	10,00	15 dias	2.400,00
Total								9.113,50			7.785,00			8.697,50

*Preços criados apenas para exemplificação da ferramenta.

CONTRATOS DE FORNECIMENTO

Abastecer um empreendimento de A&B não é uma tarefa tão fácil quanto parece, pois é necessário realizar um bom planejamento das compras para que seja possível lidar com as reais necessidades da produção sem gerar desperdícios por causa do excesso de estoque nem faltar matéria-prima que possa afetar o cliente final. Além de conhecer as matérias-primas necessárias para a produção, é importante conhecer os parceiros, os fornecedores desses produtos, pois eles podem dar informações importantes sobre o mercado, dar suporte nas compras e colaborar nas decisões estratégicas do negócio.

Uma boa negociação e gestão de contratos garante um controle maior dos acordos negociados entre o empreendimento e os fornecedores, criando, assim, parcerias mais firmes e com mais segurança, aumentando a possibilidade de redução e manutenção dos preços pagos.

É importante ressaltar que, independentemente do tamanho do empreendimento, é preciso negociar com uma série de fornecedores, que venderão as matérias-primas para o bom andamento da produção. Conforme abordado anteriormente, o papel principal dos negociadores é conseguir matérias--primas e serviços na quantidade, na qualidade, no prazo e nos preços que atendem às necessidades estratégicas do empreendimento. Problemas nesses quesitos podem gerar sérios prejuízos e prejudicar a lucratividade do negócio.

Vale ressaltar que as compras não dependem apenas da eficiência e eficácia dos negociadores. Muitas vezes, as particularidades de cada fornecedor também influenciam, sendo estas, então, um fator de risco ao sucesso do empreendimento. Uma falha na entrega, por exemplo, pode gerar um grande prejuízo. Saber identificar quais fornecedores podem ser parceiros para o sucesso do negócio e negociar um contrato de fornecimento simples, íntegro e que atenda às necessidades de ambos ajuda a criar essa parceria.

Contratos de fornecimento podem ser fechados em vários segmentos, incluindo o de serviços.

- **Hortifrutigranjeiros:** é preciso garantir o fornecimento de produtos hortifrúti de acordo com os preços, a qualidade e a especificação definida. Por exemplo, batatas para frituras para redes de hamburgueria e tomates para restaurantes e pizzarias.

- **Bebidas alcoólicas e não alcoólicas:** para que você tenha um atendimento exclusivo de algum fornecedor desse segmento, contando com a garantia de abastecimento e de bons preços, é necessário fechar acordos que podem incluir exclusividade no fornecimento de determinados produtos. Por exemplo, refrigerantes, águas, chope e cervejas.
- **Proteínas:** muitas vezes, são o gargalo de negócios de A&B, pois o grau de dificuldade de encontrar fornecedores parceiros nesse segmento é maior, e o volume de compras representa significativamente grande parte do total consumido. Contratos de compra de proteínas podem envolver acordos específicos, por exemplo, o fornecimento de carnes porcionadas, em que o comprador e o vendedor precisam criar cláusulas detalhando a garantia do produto produzido, segurança nos preços pagos e padronização dos produtos.
- **Frios e laticínios:** atualmente, muitos contratos são firmados com grandes indústrias do segmento determinando exclusividade no fornecimento, tendo em contrapartida a garantia de preços menores, volume de compra e qualidade na entrega. As redes de pizzarias, bem como de hamburguerias, têm se beneficiado com esse tipo de acordo.
- **Produtos secos:** produtos secos ou, como alguns preferem chamar, produtos de mercearia, têm grande aderência ou adesão no fechamento de acordos, principalmente, farinha de trigo, ketchup, maionese, palmito, entre outros.
- **Sobremesas e sorvetes:** também há grande possibilidade de fechar acordos atraentes, pois muitos empreendimentos não fabricam esses itens. E ter um bom fornecedor nesse segmento garante o abastecimento e a padronização do produto final.
- **Embalagens:** em geral, o fornecedor pede garantias de exclusividade. Muitas vezes, produz uma quantidade bem acima da necessidade mensal do negócio ou fabrica produtos com a logomarca do comprador, armazenando o excedente para fornecimentos futuros, conforme a demanda do cliente. Nesse caso, o acordo prevê um volume grande de compra para atender ao requisito do fabricante ou do fornecedor, mas as entregas são realizadas conforme necessidade do comprador. Isso é vantajoso para ambas as partes, pois quanto mais o fornecedor produz, menor o preço a ser pago por unidade, e o fornecedor tem a garantia de retorno de seu investimento financeiro.
- **Manutenção:** muitas vezes, serviços de manutenção, como ar-condicionado, coifa, limpeza de caixa d'água, dedetização, equipamentos de cozinha e computadores, exigem contratos de prestação ou fornecimento de serviço, tendo em vista a necessidade de garantias mensais dos serviços prestados

e a segurança da não responsabilidade do cliente em relação aos prestadores de serviços terceirizados, caso haja, por exemplo, algum acidente.

Há muitos outros tipos de acordos, como contratação de serviços terceirizados de entrega e de mão de obra terceirizada e aplicativos de *delivery*. Os benefícios gerados ao se fechar um contrato de fornecimento de produtos ou serviços são diversos, com destaque para:

- **Otimização nas compras:** os produtos chegam no tempo, na quantidade e no preço estipulados, otimizando as compras e reduzindo desperdícios. O planejamento do abastecimento é facilitado. Com um contrato de fornecimento bem administrado, a capacidade de entrega do fornecedor é conhecida, evitando-se problemas no abastecimento e situações emergenciais ou de sazonalidade.
- **Fortalecimento das parcerias:** não podemos considerar que acordos de fornecimento geram apenas documentos que ficarão empilhados no arquivo, é necessário que a parceria seja trabalhada e fortalecida para que o relacionamento possa durar por muito tempo.
- **Redução de problemas:** questões relativas às negociações são de fácil resolução quando há um acordo formal de fornecimento, seja de produtos, seja de serviços. Assim, as possíveis dúvidas e frustrações do que foi acordado são minimizadas.
- **Competitividade:** o fechamento de acordos de fornecimento pode ser uma grande vantagem competitiva para o empreendimento, que será capaz de negociar e abastecer seu estoque com as melhores matérias--primas do mercado, com os menores preços pagos e na quantidade exata de sua necessidade.

Antes de fechar um acordo de fornecimento, pesquise no mercado quais são os melhores fornecedores para a estratégia do empreendimento. Avalie sua reputação no mercado, sua capacidade produtiva, como trabalha com preços e sua confiabilidade na entrega de produtos ou serviços, para que, assim, possa realmente gerar um impacto positivo após o fechamento do contrato.

Um excelente acordo de fornecimento é aquele que deixa claro para todas as partes os direitos e os deveres de cada uma e, consequentemente, traz benefícios para ambas. O objetivo principal de se fechar um acordo sempre deve ser elevar a qualidade dos produtos ou serviços adquiridos, reduzir os preços operacionais pagos, tornar o negócio mais competitivo no mercado e, principalmente, aumentar a lucratividade do empreendimento.

CASO 11 – CONTRATO DE FORNECIMENTO

Estabelecimento
Rede de lanchonetes em São Paulo.

Cenário encontrado
A rede de lanchonetes comprava hambúrguer de um fornecedor cujo *blend* de carnes foi desenvolvido exclusivamente para ela, porém não havia garantias para nenhuma das partes.

Havia problemas nas entregas, aumento de preços sem comunicação prévia e problemas de padronização de produtos, que afetavam o produto final do cliente.

Encaminhamento e soluções
Primeiramente, foi agenda uma reunião com o fornecedor, que colocou, de acordo com a perspectiva dele, todos os pontos que prejudicavam o relacionamento. Os principais pontos eram a falta de programação de compra para que ele pudesse antecipar a produção e a não garantia de compra dos produtos produzidos. Segundo o fornecedor, muitas vezes ele teve de jogar fora produtos que a rede não comprou por ter vencido o prazo de validade.

Já a rede de lanchonetes levantou problemas de entrega, como atrasos, falta de padronização dos produtos, além do aumento dos preços sem prévio aviso.

As partes compreenderam as dificuldades que cada uma enfrentava, e propostas foram apresentadas para melhorar a relação.

Resultados
Foi negociado um acordo formal, que beneficiasse ambas as partes, com direitos e deveres do fornecedor e do comprador.

Previsão de compra, aumento de preços, horário de entrega, padronização de produtos, entre outros assuntos foram incluídos no acordo e encaminhados para os departamentos jurídicos das duas partes para validação.

Atualmente, o fornecedor é um grande parceiro da rede de lanchonetes, o que facilitou a abertura de novas unidades e, consequentemente, fez aumentar a sua produção para atender às novas demandas de compra.

Sendo um parceiro, o fornecedor pôde ajudar no desenvolvimento de novos produtos para inovar o cardápio do cliente.

MAKE-OR-BUY (FAZER OU COMPRAR)

5

Quando um negócio de alimentos e bebidas (A&B) planeja o lançamento de um novo produto, que pode envolver, além do produto final, alguns produtos semiprontos, como molhos ou matérias-primas porcionadas, o responsável pela cadeia de suprimentos deve estar envolvido, e a ele cabe a avaliação de se o empreendimento vai fabricar ou comprar o produto pronto. Nesse momento, realizará a análise de *make-or-buy* ("fazer ou comprar").

A discussão sobre qual é a melhor escolha – comprar ou fabricar os produtos – é bastante antiga e polêmica. Na prática, se o empreendimento tem condições e facilidade de fabricar o produto final, o responsável pela *supply chain* pode fazer a seguinte análise comparativa: se fabricar internamente vai sair mais barato do que comprar de algum fornecedor ou, se não tiver condições de fabricar, logicamente, o produto será terceirizado.

Montes (2018) define *make-or-buy* como a análise para definir se é melhor fazer ou comprar a técnica para determinar se algo específico do empreendimento vai ser fabricado por conta própria ou comprado pronto. O autor reitera a importância de avaliar com a equipe a possibilidade de produzir, selecionar o melhor fornecedor e criar e selecionar o tipo de produto mais adequado. Essa análise determina se é melhor que cada produto do projeto seja feito internamente ou adquirido externamente (terceirizado), considerando todos os custos relacionados (diretos e indiretos).

CUSTO CONHECIDO

A elaboração das fichas técnicas operacionais e de planejamento são fatores relevantes nesse momento, pois influenciam diretamente no resultado do negócio.

Os custos das fichas técnicas sofrem variação de preços de insumos frequentemente (diários, semanais ou mensais), o que requer excelente gestão de dados e atualização no sistema na mesma velocidade.

O custo final de *fazer* é influenciado pelas seguintes variáveis:

- Preços dos insumos e custo-benefício.
- Qualidade e rendimento dos insumos, variando conforme fornecedor.
- Qualidade de trabalho do colaborador.

- Desperdícios não previstos nas fichas técnicas.
- Gasto de insumos em desacordo com ficha técnica.
- Variação do padrão do produto acabado.
- Custos indiretos não avaliados: custo de mão de obra especializada, horas de treinamento, materiais descartáveis e de limpeza, água, energia, utensílios, equipamentos, manutenção, estoque, produção, impostos, taxa de lixo, etc.

O preço de *comprar* é definido por:

- Ficha técnica exclusiva.
- Negociação de preço com o fornecedor.

O *fazer* muitas vezes não permite que o empreendedor conheça seu custo total real, enquanto no *comprar* o empreendedor tem o controle do custo, permitindo uma gestão mais eficiente de compras, estoque e vendas.

Antes de tomar uma decisão, seja pela fabricação interna, seja por comprar de um fornecedor (terceirização), é de extrema importância que todos os custos sejam considerados, para que a avaliação reflita a realidade.

TERCEIRIZAÇÃO

A terceirização no setor de alimentos requer parceria de confiança entre o empreendedor e a empresa contratada, a fim de garantir a segurança alimentar e a qualidade da matéria-prima, seguindo rigorosamente a ficha técnica do empreendedor.

Há cerca de vinte anos, os negócios de alimentação preparavam todos os produtos que comercializavam, alguns com desafios de disponibilidade de espaço, escassez de equipamentos ou falta de recursos financeiros e humanos.

Segundo Montes (2018), a investigação minuciosa dos motivos e custos envolvidos pode levar à decisão de comprar (*buy*), terceirizando a fabricação dos produtos, em vez de produzi-los (*make*).

O quadro 5.1 apresenta diversos pontos que podem auxiliar na escolha da melhor opção para um negócio de A&B.

Quadro 5.1. *Make-or-buy.*

Fazer (*make*)	Comprar (*buy*) (terceirizar)
Indecisão em escolher se inclui mais salgados ou doces no cardápio	O mercado oferece grande gama de produtos prontos ou customizados; maior opção na escolha
Riscos de interrupção nos processos de produção e venda (atendimento); conflito de processos	Foco no processo de venda (atendimento), e não na produção
Dificuldade em controlar estoque	Controle de estoque de produto acabado é mais fácil
Perdas de qualidade e padrão do produto	Produção em série; fornecedor especializado na produção
Clientes insatisfeitos pela demora na entrega dos pedidos	Produto pronto em estoque; entrega rápida ao cliente
Baixo giro no salão, muito tempo para entregar o pedido ao cliente	Entrega rápida, aumentando o giro no salão
Pouco espaço para produção e armazenamento; área física deficiente	O espaço de produção e de armazenamento é do terceirizado
Dificuldade de treinar o quadro de colaboradores da produção	Treinamento é de responsabilidade do terceirizado
Falta de capital para investir em tecnologia (fornos combinados, resfriadores rápidos, envasadoras, etc.)	Empresas especializadas possuem os equipamentos necessários
Dificuldade de definir quantidade de ingredientes no processo de compra	A compra de produtos terceirizados é definida pela quantidade de venda do produto
Custos desconhecidos, oscilação nos preços de matéria-prima; dificuldade na gestão de custo das fichas técnicas	O custo é o preço de compra do produto terceirizado; custo conhecido

Ao analisar esses pontos, considerar também os seguintes critérios ao decidir pelo fazer ou comprar:

- O fazer necessita de investimentos.
- O fazer exige mão de obra especializada.
- Os controles de estoque e de custo são mais eficientes no comprar.
- Qual o foco do negócio: fazer ou vender?

Outra maneira de facilitar a decisão do fazer ou comprar é analisar a matriz de decisão do *make-or-buy* em relação ao risco da terceirização e à qualificação do negócio de alimentação (figura 5.1).

Figura 5.1. Matriz *make-or-buy*.

- **Quadrante 1:** quando o risco da terceirização for baixo, bem como a qualificação do negócio em fabricar o produto, a decisão de comprar (*buy*) é a mais recomendada.
- **Quadrante 2:** caso o risco da terceirização seja alto (talvez por causa de uma desconfiança no mercado fornecedor), porém a qualificação do negócio para fabricar seja baixa, a decisão indicada é comprar (*buy*), tornando necessária a busca por um parceiro fornecedor que garanta a entrega dos produtos na quantidade e na qualidade necessárias.
- **Quadrante 3:** se o risco da terceirização for alto, porém o negócio de A&B é bastante qualificado para produzir, a decisão ideal é fabricar (*make*).
- **Quadrante 4:** com risco baixo de terceirização, mas alta qualificação do negócio de A&B para fabricar o produto, pode-se decidir por qualquer uma das opções (*make* ou *buy*). Nesse caso, outros fatores, como cálculo dos custos envolvidos ou planos de expansão do negócio, são importantes para a tomada da decisão final.

O QUE PODE SER TERCEIRIZADO

Com a evolução do mercado de *food service*, surgiram empresas especializadas em *fazer* produtos para diversos empreendimentos, permitindo maior controle de custos do empreendedor.

A decisão de terceirizar depende do tipo do negócio e do produto. Nem tudo pode ser terceirizado, pois corre-se o risco de perder a essência do negócio e descaracterizar, por exemplo, o produto especial da casa, que deveria ser feito pelo *chef*.

Produtos terceirizados podem ser os disponibilizados pelos fornecedores ou os desenvolvidos especialmente de acordo com a ficha técnica (ingredientes específicos, quantidades, embalagens, peso e número de produtos a ser entregue).

No caso de produtos customizados, recomendamos monitorá-los para garantir que qualidade e características estejam de acordo com a ficha técnica.

A seguir, alguns exemplos de produtos que podem ser terceirizados:

- salgados congelados ou resfriados (coxinha, quiche, torta, pizza, etc.);
- sobremesas congeladas ou não;
- sorvetes especiais;
- pães convencionais ou de fermentação natural;
- carne bovina gramaturada, de gados específicos, disponível em diversos cortes (*steaks*, *paillard*, medalhões, *blend* para hambúrgueres, etc.);
- suínos, aves, ovinos e pescados porcionados e até empanados;
- embutidos especiais;
- molhos especiais, para diversos fins, embaladas por porção ou não;
- massas recheadas, com molhos variados, embalados por porção;
- frutas descascadas, picadas ou laminadas;
- sanduíches, hambúrgueres prontos para consumo (resfriados ou congelados);
- chás especiais em diversas embalagens;
- refeições prontas (arroz, feijão, proteínas, acompanhamentos, sopas, etc.);
- proteínas prontas;
- produtos prontos para *delivery* encomendados a restaurantes virtuais ou *dark kitchen* (restaurante fantasma).

Importante ressaltar que a decisão por *make-or-buy* não precisa ser tomada definitivamente. Ela pode e deve ser revisada de acordo com as mudanças do mercado, como o surgimento de novas tecnologias que possibilitem a redução de custos de produção, o surgimento de novos fornecedores, entre outros fatores.

Em suma, a decisão por *make-or-buy* deve ser continuamente analisada e revisada para que o negócio de A&B tenha sempre a certeza de que está produzindo com o menor custo possível ou que está comprando e pagando o menor preço no mercado fornecedor de seu produto.

CASO 12 – TERCEIRIZAÇÃO DE CARNES PORCIONADAS

Estabelecimento
Restaurante especializado em carnes localizado na cidade de São Paulo.

Cenário encontrado
O restaurante, conhecido na capital paulista, passou a ir bem depois da entrada de um novo sócio.

Antes, o estabelecimento era conhecido por suas carnes grelhadas no ponto desejado pelo cliente e pelos temperos especiais, mas carecia de uma gestão eficiente. Os resultados financeiros eram lamentáveis.

O cardápio não era extenso: sete entradas, três acompanhamentos, três pratos de pescados, um de ave, um de suíno, duas massas e três de bovinos.

O novo sócio percebeu de imediato que uma das dificuldades era controlar o estoque de carnes bovinas, itens da curva A nas vendas, que eram compradas em peça e, por isso, geravam algumas consequências:

- O restaurante não sabia o custo real do quilo da carne.
- Clientes insatisfeitos, por causa da falta de padrão na maciez.
- Divergência de estoque no inventário.

Enquanto o sócio antigo gerenciava a produção, o novo tentava encontrar uma saída para os problemas. Era um desafio: se vendia X número de pratos bovinos, ele deveria ter Y quilos de carne. No entanto, não havia informações de rendimento, de quantos pratos representavam aqueles Y quilos de carne, nem era possível controlar a gramagem de cada corte servido.

Encaminhamento e soluções
Após ouvir atentamente e analisar a situação, foi sugerido terceirizar o corte das carnes bovinas, assim, se o restaurante vendia X pratos bovinos, ele passaria a ter Y número de corte de carnes em estoque. A ordem de compra não seria mais em quilos, mas, em número de cortes. O custo da mercadoria vendida (CMV) subiu 1% após um mês de implantação do sistema terceirizado, além de ter apresentado outras vantagens.

Exemplificando:

- Produto do cardápio: *steak* de picanha Angus (350 g).

- Quantidade estimada de venda por dia: 85 porções.

- Item de compra por dia: 85 unidades de *steak* de picanha Angus (350 g).

Junto com o fornecedor, foram definidas as especificações dos produtos para o restaurante.

- Gado: Angus.

- Produto: *steak* de picanha A (picanha com camada de gordura cortada em bife).

- Especificação do *steak*: 350 g.

Resultados

Com a definição do gado e cortes com maior marmoreio (gordura visível entre as fibras musculares, que dá mais sabor e maciez à carne), as reclamações de clientes acabaram, e as vendas aumentaram.

As especificações relacionadas a esse produto passaram a ser controladas; e seu custo de produção, conhecido.

CASO 13 – TERCEIRIZAÇÃO DE SOBREMESAS

Estabelecimento
Rede de lanchonetes na cidade de São Paulo.

Cenário encontrado
A rede dispunha de uma cozinha onde se fabricavam duas sobremesas, as quais eram distribuídas para as três unidades.

Era necessário comprar matérias-primas e utensílios, além de contratar mão de obra para produzir e transportar as sobremesas.

Encaminhamento e soluções
Primeiramente, foram levantados os custos de produção das duas sobremesas.

Componente do custo	Sobremesa 1 (unid.)	Sobremesa 2 (unid.)
Matérias-primas	R$ 4,66	R$ 4,63
Mão de obra	R$ 3,16	R$ 2,28
Embalagem	R$ 1,04	R$ 0,85
Transporte	R$ 0,84	R$ 0,84
TOTAL (UNID.)	R$ 9,70	R$ 8,60

Depois, alguns fornecedores foram convidados a participar do processo de negociação. Em um primeiro momento, enviaram amostras das sobremesas, que foram avaliadas pelo departamento de gastronomia.

Somente após a degustação das sobremesas e a aprovação de alguns fornecedores, as negociações iniciaram.

Três propostas foram enviadas:

Descrição da sobremesa	Unidade	Fornecedor 1	Fornecedor 2	Fornecedor 3
Sobremesa 1	Unid.	R$ 8,20	R$ 8,90	R$ 9,50
Sobremesa 2	Unid.	R$ 6,85	R$ 8,12	R$ 8,50

Com os preços cotados, ficou clara a inviabilidade de continuar fabricando as sobremesas por conta própria. Contudo, viu-se que era possível que a produção de alguns produtos podia ser terceirizada para fornecedores especializados, com *expertise* na fabricação, sendo mais vantajoso também quanto aos preços.

Resultados

Aprofundou-se a negociação com o Fornecedor 1, que conseguiu baixar um pouco mais os preços anteriormente informados, e, assim, o acordo de fornecimento foi assinado.

Descrição da sobremesa	Unidade	Consumo mensal	Custo anterior da cozinha	Preço final do Fornecedor 1	Diferença	Lucro total
Sobremesa 1	Unid.	1.890	R$ 9,70	R$ 8,00	R$ 1,70	R$ 3.213,00
Sobremesa 2	Unid.	2.460	R$ 8,60	R$ 6,60	R$ 2,00	R$ 4.920,00
						R$ 8.133,00

Considerando os volumes e a diferença de preço entre o que anteriormente se gastava com a fabricação própria das sobremesas e o preço que seria pago para o fornecedor, a economia mensal ultrapassou R$ 8.000,00, o que, consequentemente, trouxe maior lucratividade à rede.

Além disso, o fornecedor faria a entrega ponto a ponto e na quantidade que cada unidade necessitasse, respeitando a grade de entrega (rota de transporte) nas regiões de cada unidade.

ESPECIFICAÇÃO DE MATÉRIA-PRIMA

ESPECIFICAÇÃO DE MATÉRIA-PRIMA

Especificação de matéria-prima é o resultado da necessidade de se criar um conjunto de exigências para determinado produto ou serviço (NISHIO; ALVES, 2019). E após essa definição, qualquer coisa feita de modo diferente será entendida como fora de padrão.

Quando damos importância à especificação das matérias-primas, estamos objetivando a redução de custos, ganhos na gestão operacional e, o mais importante, padronização do produto final que será destinado ao cliente.

Alves (2018) afirma que, entre os vários significados de "especificação", existe um ao qual devemos dar atenção especial: o *direcionamento*: saber escolher, entre as opções existentes, a mais adequada em termos de qualidade e custo, facilitando, assim, o auxílio às demais áreas da cadeia de suprimentos para que saibam como proceder com essa especificação e com a avaliação do rendimento e como os setores de compras, recebimento, estoque e produção devem desempenhar suas funções.

Hortifrúti

O grupo de hortifrúti, ou FLV (frutas, legumes e verduras), é utilizado em vários negócios relacionados à alimentação. Conforme Nishio e Alves (2019), a composição de fichas técnicas é importante, e, por causa da enorme variação dos alimentos, é preciso definir e especificar os itens de acordo com a necessidade do empreendimento.

Não devemos nos esquecer que, muitas vezes, o grupo de hortifrúti pode atingir mais de 30% do custo da mercadoria vendida (CMV), dependendo do tipo de restaurante e suas preparações (saladas, guarnições, sucos, etc.).

Assim, é importante conhecer as variedades e as classificações de cada matéria-prima do grupo hortifrúti que for utilizada, para ter o negócio ter uma maior lucratividade.

Morango

O morango é uma fruta vermelha de origem europeia, mas que atualmente é cultivada em diversos países, incluindo o Brasil. Tem várias espécies e é considerada uma das frutas mais consumidas na gastronomia, em especial na confeitaria. O morango é uma matéria-prima encontrada em diversas preparações, como entradas, saladas, pratos principais, bebidas e, claro, sobremesas.

Especificação de matéria-prima | 101

Figura 6.1. Principais variedades do morango.
Crédito: Bertoldo Borges Filho. Imagem cedida pela Ceagesp.

Entre os empreendedores do ramo de alimentos e bebidas (A&B), encontramos diversas queixas envolvendo o morango, como:

- São vendidos em tamanhos muito diferentes. Na caixa, os grandes ficam em cima, e os pequenos embaixo. Não se aproveita tudo.
- Estraga muito rápido, o desperdício é muito grande.
- Não se sabe qual variedade comprar. Por exemplo, se for utilizado apenas para laminar e enfeitar o prato e adquire-se um tipo inadequado para esse uso, o morango vai "soltar água" e "sujar" o prato.

Para escolher o tipo certo, é importante conhecer as especificidades do prato, como será utilizado e quais são as características necessárias que a fruta deve ter para cumprir sua "função", por exemplo:

- Frutas de tamanhos iguais.
- Ser doce e suculenta.
- Quando utilizada em decoração de bolos ou tortas, por exemplo, não pode soltar água.
- Tamanho e doçura não são importantes se a fruta for utilizada no recheio de crepes, por exemplo, pois ela será cortada e cozida.

Além disso, o empreendedor deve estar ciente de que a disponibilidade das variedades da fruta depende da localização do plantio e da sazonalidade.

No entanto, morangos podem ser congelados, com tratamento térmico apropriado, para serem usados de acordo com a necessidade.

Existem diversos tipos de morango que variam de acordo com textura, sabor e formato. Oso grande, por exemplo, é a variedade mais comum e comercializada em grande escala, apresenta textura firme, é doce, classificada como não suculenta e mais resistente à movimentação durante transporte, manipulação e estocagem.

No entanto, tem-se observado mais recentemente o uso crescente da variedade san andreas, com formato similar à variedade albion, de coloração vermelha, sabor adocicado, ligeiramente mais leve que a albion e a aromas, e mais escura que a diamante, com peso médio que pode variar de 22 g a 31,6 g.

As variedades albion e san andreas são adequadas para a gastronomia, principalmente a confeitaria, em razão do formato triangular, longo e afunilado na parte inferior, bem como por causa do tamanho e peso, sendo encontradas em tamanhos médio ou grande.

Uma reclamação comum em relação à padronização do tamanho dos morangos é a dificuldade de aproveitar todas as unidades compradas dentro da cumbuca (caixinha de 300 g). Na camada superior, são dispostos os frutos maiores e de melhor aparência; na camada de baixo, frutos menores, que normalmente são utilizados para completar o peso, mas que, muitas vezes, não servem para a principal finalidade para a qual foram adquiridos. Como resolver esse problema?

Há menos de dez anos, os produtores de morango passaram a preparar bandejas com morangos dispostos em apenas uma camada, com tamanho padronizado e sem causar danos físicos. Podem ser encontrados em bandejas com 9, 12 ou 15 morangos. Essa opção pode ser mais cara, porém garante praticamente 100% de aproveitamento, atendendo, assim, aos profissionais que precisam desses produtos de acordo com as especificações das fichas técnicas, possibilitando também uma previsão de custo mais perto da realidade.

Vale sempre ressaltar que, por se tratar de produtos delicados, é importante observar a qualidade do que foi adquirido (nem sempre o fruto mais barato é recém-colhido e a melhor opção), bem como o recebimento e o armazenamento.

Figura 6.2. Morango san andreas disposto em embalagem de uma camada (à esquerda) e de duas camadas (à direita).

Crédito: Pablo Merilis.

CASO 14 – SELEÇÃO E ARMAZENAMENTO DE MORANGOS

Estabelecimento
Restaurante de pratos *à la carte* localizado na cidade de São Paulo.

Cenário encontrado
O restaurante tinha um excelente movimento todos os dias, servindo pratos executivos à base de carne bovina, aves, pescados e massas.

No entanto, o custo de uma das sobremesas mais vendidas, as panquecas de morango com cobertura de chocolate, era um problema.

Ao realizar a análise da ficha técnica do morango, verificou-se que as perdas chegavam a 30%.

As reclamações do empreendimento eram relacionadas às perdas e ao prejuízo causado por morangos estragados que vinham dentro das embalagens de plástico.

Ao analisar os processos de compra para definir a especificação da matéria-prima, acompanhamos os processos de recebimento e armazenamento.

Os morangos do tipo piedade (moles e doces) eram dispostos em duas camadas na caixa. No processo de recebimento, observou-se a primeira falha, as embalagens não eram abertas para verificação de qualidade, sendo diretamente armazenadas na geladeira.

Às vezes, os morangos eram utilizados no mesmo dia, porém, caso fossem utilizados nos dias seguintes, muitos frutos já estavam com princípio de bolor e impróprios para consumo. O prejuízo era grande.

Encaminhamento e soluções
Optou-se por alterar o tipo de morango para oso grande, que também é mole, mas mais firme que o piedade. Os processos de recebimento e armazenamento foram revisados.

Para o preparo das panquecas, o tamanho dos morangos não era importante, uma vez que eram cortados e submetidos à cocção. No entanto, deveriam ter textura firme para não haver perdas durante o armazenamento.

Foram realizados treinamentos e fornecidas orientações que se verificasse a qualidade dos morangos no momento do seu recebimento. As frutas deveriam ser retiradas das cumbucas e espalhadas em uma assadeira para que fosse feita a inspeção visual. Nesse momento, os morangos também seriam separados e armazenados conforme o grau de amadurecimento:

- morangos maduros e em boas condições prontos para consumo;
- morangos mais verdes;
- morangos muito maduros e amassados, sem condições de consumo.

Os morangos sem condições de consumo foram pesados e devolvidos ao fornecedor para que fossem trocados na próxima entrega.

Os morangos mais verdes foram separados para amadurecem até atingir o ponto ideal de consumo, e os que estavam em boas condições foram armazenados na geladeira (NISHIO; ALVES, 2019).

Se a venda da sobremesa caía, os morangos não consumidos seriam congelados, após lavados, sanitizados e secos.

Vale ressaltar que as entregas do fornecedor eram feitas duas vezes por semana.

Resultados

O empreendedor treinou seus funcionários para selecionar todos os hortifrútis antes de serem armazenados, a exemplo dos morangos, evitando prejuízos por causa de uma ou mais unidades estragadas – você se lembra da famosa frase "uma maçã podre estraga as demais"? – ou bolor.

Aumentou também a frequência de entrega do fornecedor, mas nunca mais se deixou de fazer a inspeção das frutas logo no recebimento.

O prejuízo baixou para praticamente zero após a mudança de especificação da fruta e implantação das boas práticas de recebimento, armazenamento e congelamento.

Berinjela

Originária da Índia, a berinjela foi introduzida no Brasil pelos imigrantes árabes e atualmente faz parte de diferentes pratos comuns aos brasileiros. Existem algumas variedades com características distintas, por isso é preciso saber escolher a mais adequada para cada caso.

Figura 6.3. Principais variedades de berinjelas.
Crédito: Bertoldo Borges Filho. Imagem cedida pela Ceagesp.

A variedade mais conhecida e utilizada é a berinjela comum, com casca de coloração roxa-escura, quase preta. Tem formato oblongo e serve para diversas preparações, como *ratatouille*, lasanha, *caponata*, *involtini*, berinjela recheada, *moussaka* e babaganuche.

A berinjela japonesa pode ser encontrada no formato oblongo (roxa e preta) ou comprida ou reta. É muito utilizada na preparação de pratos asiáticos.

A diferença entre as berinjelas comum e japonesa, além do formato, é a quantidade de sementes e o sabor. A comum possui muitas sementes e a polpa é um pouco amarga, enquanto a japonesa quase não tem sementes e a polpa é mais adocicada.

A berinjela japonesa comprida, que possui diâmetro menor, é a ideal para ser frita, pois ao cortá-la em rodelas, a polpa permanece firme. A japonesa oblonga, tanto a roxa como a preta, pode ser utilizada em diversas outras preparações por não ser amarga.

CASO 15 – ESPECIFICAÇÃO DA BERINJELA JAPONESA NA PREPARAÇÃO DE LASANHA

Estabelecimento

Restaurante com serviços *à la carte* e *buffet* que serve pratos mediterrâneos localizado na cidade de São Paulo.

Cenário encontrado

A maior parte das queixas listadas em relação às entregas de berinjela era de que o fornecedor não tinha padrão (os produtos variavam muito), o que dificultava a preparação da lasanha de berinjela, um dos pratos mais vendidos pelo estabelecimento. Isso gerava perda de rendimento, afetando diretamente o custo e o padrão do produto final.

Não era especificado ao fornecedor qual berinjela japonesa devia ser entregue, se a oblonga ou a reta. Desse modo, podia chegar qualquer uma, gerando grande dificuldade para a preparação. Quando recebiam as berinjelas compridas, por serem muito estreitas, após terem sido fatiadas e grelhadas, as polpas quase "desapareciam".

Encaminhamento e soluções

Para a preparação da lasanha, definiu-se que a berinjela oblonga era a melhor opção, pois resultava em fatias mais largas, ideais para serem grelhadas, eliminando as queixas dos cozinheiros e melhorando o rendimento e a qualidade da lasanha. Para a preparação de saladas fritas, optou-se pela berinjela japonesa comprida. Foram sugeridos códigos distintos para cada tipo de berinjela e encaminhados para a área de compras:

Especificação antes	Especificação após	Utilização
Berinjela japonesa	Berinjela japonesa oblonga	Lasanha de berinjela
Berinjela japonesa	Berinjela japonesa reta	Salada do *buffet*

Resultados

Com a implantação dos códigos, o estoquista sabia qual deveria ser o processo de encaminhamento para cada tipo de berinjela solicitada, assim, foram eliminados os pedidos extras de compra de berinjela para preparação das lasanhas.

Houve melhoria no custo da mercadoria vendida (CMV), apesar de esse não ser o objetivo principal, e, sim, a qualidade dos produtos finais, elevando o nível de satisfação dos clientes.

Batata

A batata é originária dos Andes peruanos e bolivianos, onde é cultivada há mais de 7 mil ano. No Brasil, é cultivada em diversas regiões. É considerada a terceira maior fonte de alimento da população mundial, atrás apenas do arroz e do trigo. A expansão e o consumo da batata em outros países foi consequência da colonização realizada pelos países europeus.

Há diversas variedades de batatas, que se diferem basicamente pelo formato, pela cor da casca ou da polpa, assim como pelo teor de matéria seca (sólidos) e da qualidade culinária. As variedades mais comercializadas são: ágata, asterix, baraka, bintje, caesar, cupido, markies, monalisa e mondial. Identificá-las pode ser uma tarefa bastante difícil, principalmente se removermos a casca.

As batatas são classificadas em lavadas e escovadas, conforme o tipo de beneficiamento que sofrem após a colheita.

As lavadas são limpas com água após colheita, são mais higiênicas, isentas de resíduos de terra. Não devem ser adquiridas em quantidade superior à necessidade, devendo ser armazenadas por um período menor em local sem incidência de sol (para não sofrerem fotossíntese e ficarem esverdeadas) e bem ventilado. As batatas lavadas são as mais recomendadas.

Já as batatas escovadas são limpas apenas com uma escova após a colheita, deixando resíduos de terra. Sua manipulação na cozinha exige local separado e mais cuidados na higienização, porém podem ser armazenadas por um período mais longo. São menos recomendadas pela questão de higiene e aumento no consumo de água.

Em relação às classificações, sabemos que a compra do produto adequado exige o conhecimento preciso da matéria-prima, e, no caso não é diferente. O mercado atacadista caracteriza a batata pelo diâmetro da peneira utilizada na máquina de classificação, pelas classificações noiva, florão e boneca, e pelo tipo de beneficiamento. Para fins de cotação, a Companhia de Entrepostos e Armazéns Gerais de São Paulo (Ceagesp) classifica as batatas em: especial, especialzinha, primeirinha e segundinha (tabela 6.1).

As batatas especial, especialzinha, primeirinha e segundinha, por serem pequenas, costumam ser utilizadas em preparações em que podem ser servidas inteiras e com casca, como em saladas, cortadas ao meio e recheadas.

Quadro 6.1. Principais variedades de batatas.

Variedade	Beneficiamento	Formato	Coloração da casca	Coloração da polpa	Melhor utilidade	Consistência da polpa
Ágata	Lavada/escovada	Oval	Amarela	Amarelo-clara	Cozinhar e assar	Muita água
Asterix	Lavada	Oval alongado	Vermelha	Amarelo-clara	Cozinhar e fritar	Seca e firme
Baraka	Escovada	Oval	Amarelo-clara	Amarelo-clara	Cozinhar, assar, fritar e preparar massa	Seca e firme
Bintje	Lavada/escovada	Oval alongado	Amarelo-clara	Amarelo-clara	Cozinhar, fritar e preparar massa	Seca e firme
Caesar	Lavada/escovada	Oval alongado	Amarela	Amarela	Fritar e assar	Seca e firme
Cupido	Lavada	Oval	Amarelo-clara	Amarelo-clara	Cozinhar e assar	Muita água
Markies	Escovada	Oval alongado	Amarela	Amarela	Cozinhar, assar, fritar e preparar massa	Firme
Monalisa	Lavada/escovada	Oval alongado	Amarelo-clara	Amarelo-clara	Cozinhar e assar	Muita água
Mondial	Lavada/escovada	Alongado	Amarela	Amarelo-clara	Cozinhar e assar	Seca e firme

Fonte: adaptado de Ceagesp (2021a).

Tabela 6.1. Classificações de batatas.

Classificação	Calibre (diâmetro em mm)
Especial*	42-70
Especialzinha*	33-42
Primeirinha*	28-33
Segundinha*	<28
Noiva**	50-70
Florão**	>70
Boneca**	Não possui

*Ceagesp.
**Mercado (peneira).

Fonte: adaptado de Ceagesp (2021a).

A batata noiva é lavada e de tamanho médio, normalmente bem aceita pelo mercado. A florão é lavada e indicada para fazer batatas recheadas em razão de seu tamanho grande, cada unidade podendo pesar entre 300 g e 700 g. Se o empreendedor planeja comercializar batatas recheadas, recomenda-se definir o peso junto ao seu fornecedor, para padronizar e definir o custo da batata e da quantidade de recheio para recheá-la.

A batata boneca é lavada e atrai o consumidor não pela aparência, mas pelo preço. Apesar de apresentar alguns defeitos – sinais de cortes não profundos de colheitadeiras, extremidades com curvaturas e formação de pequenas protuberâncias –, acabam compensando pelo baixo preço.

Podemos encontrar nas batatas alguns defeitos que não devem ser tolerados (quadro 6.2), pois podem comprometer o rendimento e prejudicar a qualidade do produto final, bem como a lucratividade do negócio.

Para a produção de massas ou frituras, altos teores de matéria seca propiciam maior rendimento, melhor textura e sabor. No caso de frituras, é necessário considerar também que as batatas devem possuir baixo teor de açúcares redutores (máximo 0,2%), pois, do contrário, pode resultar em um produto final com coloração escura e que absorveu mais óleo durante a fritura.

Como saber se a batata é boa para fritura ou não? Quando perguntamos se as pessoas sabem diferenciar entre uma batata para fritura ou para cozinhar, a resposta que mais ouvimos é "não". Como mencionado anteriormente, para fritura, a batata deve ser seca, com menos água e com presença de amido na sua composição.

Quadro 6.2. Principais defeitos encontrados nas batatas.

Nome	Detalhamento
Podridão úmida	Os tecidos apresentam necrose de aspecto aquoso
Podridão seca	Os tecidos apresentam necrose de aspecto desidratado e mumificado
Coração oco	Cavidade interna causada por crescimento excessivamente rápido do tubérculo
Coração negro	Manchas de conformação irregular com coloração que varia de cinza a negro no centro do tubérculo
Vitrificado	Tubérculo que apresenta polpa fibrosa e cristalizada
Queimado	Lesão causada no tubérculo em razão de incidência de raios solares e temperaturas extremas (altas ou baixas)
Rizoctônia	Tubérculo que apresenta agregados negros aderidos à pele
Embonecamento	Severa desuniformidade do tubérculo durante seu desenvolvimento que pode gerar extremos pronunciamentos, curvaturas, protuberâncias e pontas que afetam a aparência e a qualidade
Esfolado	Exposição dos tecidos internos do tubérculo por remoção da pele
Esverdeamento	Zonas de cor verde ou arroxeada causada por exposição à luz durante o crescimento ou armazenamento do tubérculo
Dano superficial	Lesão de origem diversa que desaparece ao remover 3 mm de tecido da superfície do tubérculo
Dano profundo	Lesão de origem diversa que permanece mesmo após remover 3 mm de tecido da superfície do tubérculo
Broca "alfinete"	Será considerado defeito leve até 3% de área removida, acima desse valor é considerado defeito grave
Brotado	Elongação dos pontos de crescimento (olho) do tubérculo

Fonte: adaptado de Faep ([s. d.]).

Há uma maneira simples de fazer o teste da presença de amido:

1. Corte as batatas ao meio.
2. Esfregue uma parte contra a outra, fazendo movimentos circulares.
3. Quando houver amido na sua composição, sairá um líquido viscoso branco, e as partes cortadas da batata ficarão "grudadas".
4. Caso não saia o líquido viscoso e branco, mas um líquido aquoso, significa a ausência de amido, sendo recomendada, portanto, para cozinhar.

Figura 6.4. Batata asterix com o líquido viscoso (amido).
Crédito: Pablo Merilis.

A variedade asterix (casca avermelhada ou rosada) é a mais fácil de ser identificada; é indicada para frituras.

Como escolher a variedade certa para o seu negócio?

Para especificar a melhor batata para o seu negócio, o gestor precisa considerar as seguintes etapas e, depois, avaliar o custo-benefício das variedades.

- Definir a utilidade da batata, se será para cozinhar ou fritar.
- Escolher se serão lavadas ou escovadas.
- Saber se é preciso definir o comprimento e o diâmetro da batata.
- Solicitar diversas amostras e iniciar os testes de custo-benefício.
- Realizar testes de presença de amido.
- Realizar avaliação de fator de correção.
- Realizar avaliação de índice de cocção: o teor de umidade presente nas batatas pode variar conforme variedade e processo de cultivo, por isso recomendamos realizar a avaliação do rendimento após fritura.

A figura 6.5 apresenta um modelo sugerido de ficha técnica de especificação da batata para garantir a padronização do produto final, orientar o departamento de compras na negociação e facilitar o recebimento e a conferência do produto no momento da entrega.

Especificação de matéria-prima | 113

FICHA DE ESPECIFICAÇÃO DE PRODUTO	Versão: 1
	Data:
Nome do produto:	Batata asterix SC 25 kg
Código:	1005
Foto:	
Grupo:	Hortifrutigranjeiro
Subgrupo:	Batata
Especificação detalhada da matéria-prima:	a) Tipo: Asterix ou batatas brancas (baraka, caesar, markies ou outra destinada à fritura). b) Tamanho: Entre 10 cm e 14 cm. c) Sólidos: Asterix – acima de 17%. Branca – entre 18% e 20%. d) Superfície: Lisa e regular, sem "bonecas", massa interna sem "chocolate" e maciça. e) Beneficiamento: Asterix – lavada, decorrente da casca avermelhada mais grossa. Branca – escovada, decorrente da casca branca e fina.
Conservação:	Temperatura ambiente
Validade:	10 dias
Embalagem:	Saco com 25 kg
Criado por:	Revisado por:

Figura 6.5. Modelo de ficha técnica da batata.

CASO 16 – BATATA SEM ESPECIFICAÇÃO E PERDA DE VENDAS

Estabelecimento

Restaurante na cidade de São Paulo em que as batatas fritas são um dos principais produtos.

Cenário encontrado

A utilização de batatas *in natura* para a preparação de batatas fritas ainda é considerada, por muitos restaurantes, um diferencial no cardápio, sendo muito bem avaliada pelos clientes que valorizam a matéria-prima fresca.

O restaurante tinha apenas um fornecedor de batata, e os problemas eram:

- Falta de padronização do tamanho dos palitos.
- Falta de padronização da textura (alguns palitos eram murchos, e outros crocantes).

Os prejuízos por falta de padronização da textura incomodavam os donos e os colaboradores, que precisavam muitas vezes descartar os palitos murchos e preparar uma nova porção. Algumas vezes, deixavam de vender a batata frita, pois a matéria-prima havia sido reprovada, e apenas recebiam essa informação após a abertura da casa.

Encaminhamento e soluções

Foram solicitadas amostras de dois fornecedores especializados no fornecimento de batata para fritura, e desenhados processos para as correções dos problemas.

- Seleção de matéria-prima: definição pelas batatas asterix ou brancas (baraka, caesar ou markies), com tamanho definido entre 10 cm e 14 cm (as batatas deveriam ser selecionadas por tamanho).
- Avaliação de amido: foram realizados treinamentos para que os colaboradores pudessem avaliar, ao receber a mercadoria, a presença de amido nas batatas, para evitar surpresas desagradáveis de última hora.
- Realização de testes de fator de correção, considerando o aproveitamento após a limpeza e a remoção das partes não consumíveis.
- Realização de testes de rendimento após fritura.
- Cálculo do custo final das batatas fritas com a quantidade determinada na ficha técnica.

Resultados

Com a implantação dos novos procedimentos, o restaurante teve vários ganhos.

- Com as negociações com os novos fornecedores, a economia mensal ultrapassou R$ 45.000,00.
- Não houve mais perdas de produção, o que resultou em uma economia mensal de aproximadamente R$ 20.000,00.
- O restaurante, enfim, conheceu o custo real de seus produtos que utilizam a batata como matéria-prima, com a consideração do fator de correção.
- As vendas aumentaram, e os clientes não reclamaram mais da qualidade do produto final.

Limão

O limão é uma fruta cítrica de origem asiática e, atualmente, cultivada em vários países. Apresenta diversas variedades, sendo as mais conhecidas no Brasil: siciliano, taiti, galego e cravo, também conhecido como limão-caipira. Cada variedade tem características particulares, o que as tornam indicadas para fins culinários diversos.

Todo o limão pode ser aproveitado – suco, bagaço e até casca –, e tem papel especial na preparação de frutos do mar, massas, doces e aperitivos, como no drinque mais famoso do Brasil, a caipirinha.

Como identificar as principais variedades que podem ser encontradas no mercado fornecedor? O quadro 6.3 traz informações que podem ajudar a identificar e definir a melhor variedade para cada caso.

Quadro 6.3. Descrição das variedades dos limões.

Variedade	Foto	Detalhamento
Taiti		O limão taiti é a variedade mais utilizada no Brasil, porém, vale ressaltar, o limão é uma lima ácida, originário do limão-verdadeiro. É bastante suculento e com poucas sementes, além de ser o mais doce e menos ácido entre as variedades. Tem formato arredondado, casca lisa e verde. Em geral, é utilizado em limonadas, além, claro, de ser o principal ingrediente da caipirinha..
Siciliano		O limão-siciliano, ou limão-verdadeiro, é o tipo conhecido mais antigo do mundo. Ele tem formato alongado e sua casca é amarela e bastante grossa. Tem aroma peculiar, porém não é tão suculento quanto os outros tipos. Um pouco mais ácido que as outras variedades, o limão-siciliano é bastante utilizado na elaboração de risotos, doces, molhos, licores e alguns drinques.
Galego		O limão-galego é uma lima ácida, como o limão taiti, de tamanho pequeno e formato arredondado, com uma casca fina verde-clara ou alaranjada. Bastante saboroso, é uma das variedades mais utilizadas na preparação de sorvetes, temperos, sucos, doces, molhos e drinques, inclusive a caipirinha.
Cravo ou caipira		O limão-cravo, também conhecido como limão-caipira ou rosa, é uma variedade resultante do cruzamento do limão-verdadeiro com a tangerina. Com bastante suculência e casca alaranjada quase vermelha, pode ser confundido com uma laranja pequena. Seu aroma e sabor são bem marcantes, por isso, é utilizado para marinar proteínas ou mesmo substituir o vinagre em determinadas saladas.

Em restaurantes institucionais (localizados dentro de escritórios, escolas e indústrias, por exemplo, para atender seus colaboradores), o limão muitas vezes não é uma matéria-prima considerada de extrema importância, pois é utilizado principalmente para acompanhar pratos à base de pescados e suínos.

No entanto, quando falamos de restaurantes comerciais, ele passa a ter papel bastante importante, principalmente quando servido em bebidas. Diversas vezes ouvimos queixas referentes à falta de padrão de tamanho, suculência e rendimento, o que torna muito difícil trabalhar na preparação de drinques. Estamos falando, basicamente, da variedade mais utilizada em drinques, o limão taiti.

A classificação do limão é semelhante à da laranja-pera. Seu tamanho e peso médio são definidos pela quantidade de frutos que compõem as embalagens de transporte, utilizadas nos centros de distribuição, que podem ser caixas de madeira ou sacos, ambos com capacidade para 20 kg em média (tabela 6.2).

Tabela 6.2. Classificação do limão taiti.

Classificação	Denominação no mercado atacadista	Quantidade na caixa	Peso médio (unid.)
A	15-18 dúzias	180-216 unid.	92-111 g
B	21-27 dúzias	252-324 unid.	62-80 g
C	Mais de 31 dúzias	Mais de 372 unid.	Menos que 53 g

Fonte: adaptado de Ceagesp (2021c).

Em geral, para drinques ou outras preparações culinárias, o limão que mais agrada o usuário tem peso médio de 100 g a unidade.

CASO 17 – TAMANHO DO LIMÃO

Estabelecimento

Rede de restaurantes com cardápio com saladas, massas, carnes bovinas, aves e frutos do mar, localizada na cidade de São Paulo.

Cenário encontrado

Na maioria dos estabelecimentos de A&B, o limão taiti é utilizado como tempero de pescados, preparações de molhos e bebidas. Em geral, está presente no final da curva B ou C dos relatórios gerenciais de compra e, por isso, são muitas vezes deixados de lado pela sua "pouca" importância.

No entanto, esse restaurante apresentava um cenário inusitado no consumo do limão. Analisando o relatório gerencial da curva ABC de compras, verificou-se que o limão pertencia à curva A, ou seja, era um dos itens mais importantes e com o qual mais se gastava. Sua importância se igualava às carnes nobres e aos pescados, e não tinha nenhum outro produto similar que pudesse substituí-lo.

Ao se questionar em quais preparações os limões eram utilizados, as respostas foram:

- todos os molhos;
- muitas saladas servidas já temperadas;
- pescados e frutos do mar;
- limonada especial.

Encaminhamento e soluções

Os limões entregues pelo fornecedor eram pequenos e secos, não tinham suco. Por isso, era necessário comprar um volume grande para atender à necessidade do restaurante.

Já que não era possível mudar o ingrediente das preparações, a solução foi reduzir o volume de compra e otimizar o processo produtivo por meio da especificação correta do limão.

O limão em uso tinha em média entre 55 g e 60 g cada (praticamente o tamanho de uma bolinha de pingue-pongue).

Após compreender as necessidades do restaurante, foram solicitadas ao fornecedor local amostras de limões do tamanho aproximado de 100 g a 110 g.

Resultados

Foram realizados testes comparativos de rendimento.

Tamanho	Peso bruto (kg)	Casca (kg)	Suco obtido (kg)	Rendimento	Preço do limão (kg)	Qtde. de limão para preparar 1 kg de suco (kg)	Custo para obter 1 kg de suco de limão	Economia
Limão pequeno; peso médio 55-60 g (4 unid.)	0,230	0,160	0,070	69,60%	R$ 2,50	3,29 kg	R$ 8,21	
Limão grande; peso médio 110 g (2 unid.)	0,210	0,115	0,095	54,80%	R$ 2,91	2,21 kg	R$ 6,43	21,69%

Além da economia considerável de 21,69% com a compra do limão grande, o tempo gasto nas preparações reduziu em 50%, deixando todos muito satisfeitos.

Aspargo

O aspargo é um legume de origem europeia muito usado nas cozinhas inglesa, alemã e francesa. Seu sabor é bem distinto, intenso e saboroso, além de ser um dos legumes mais caros comercializados no Brasil.

As três variedades de aspargos mais consumidas atualmente podem ser identificadas pela cor: verde (mais comum), roxo e branco. Podemos preparar aspargos de diversas maneiras: a vapor, cozidos, grelhados e salteados. Os aspargos podem ser vendidos frescos ou em salmoura, embalados em vidros ou em latas.

Figura 6.6. Variedades de aspargos.

O aspargo branco não é uma variedade de aspargo, mas resultado de uma técnica de plantio que embranquece o legume, pois seu cultivo é embaixo da terra, evitando a exposição ao sol e, consequentemente, sem sofrer o processo de fotossíntese. O aspargo branco, comparado ao verde, chega a ser mais tenro e menos amargo, porém é mais caro.

O aspargo roxo, originário da Itália, é semelhante em aparência e sabor às variedades verde e branca, pois seu cultivo original veio do aspargo verde. Ele se diferencia por suas hastes violetas e de pontas cônicas, e por serem mais doces e menos fibrosos.

O aspargo verde é a variedade mais comum. É tenro, suculento e bastante apreciado nos restaurantes, servido em saladas, guarnições e sopas. Em geral, são importados. A produção nacional é ainda muito pequena por causa do forte calor que faz no Brasil, o que prejudica o cultivo dos aspargos.

A definição da melhor especificação do aspargo verde para o negócio de A&B dependerá do tipo de serviço que será oferecido para o cliente.

Os aspargos são classificados conforme sua grossura e encontrados em pacotes com peso médio de 450 g (tabela 6.3). Os pacotes não têm peso exato, pois são comercializados em caixas de 5 kg.

Tabela 6.3. Especificação do aspargo.

Especificação	Denominação comercial	Qtde. de aspargos por kg	Qtde. média de aspargos em pacote de 0,450 kg
Calibre grosso	XL ou GG	17-24	8-11
Calibre médio	L ou G	28-35	13-16
Calibre fino	Fino	55	25

Quando se adquire aspargos de calibre grosso, é importante observar sempre a data de validade, pois tendem a ficar duros e secos mais rápido que os demais calibres.

Os custos variam conforme sua especificação, principalmente se os pratos forem servidos com aspargos inteiros. Também é possível comparar os aspargos segundo a cotação por unidade/kg (tabela 6.4).

Tabela 6.4. Comparação de preços por quilo de aspargo.

Especificação	Qtde. de aspargos por kg	Peso unitário (variação de peso) máx./mín.		Preço/ kg*	Custo unitário por kg máx./mín.		Custo médio unitário
Grosso (XL ou GG)	17 a 24	0,059	0,042	R$ 63,00	R$ 3,72	R$ 2,65	R$ 3,18
Médio (L ou G)	28 a 35	0,036	0,029	R$ 63,00	R$ 2,27	R$ 1,83	R$ 2,05
Fino	55	0,018		R$ 63,00	R$ 1,13		R$ 1,13

*Preço cotado com distribuidor em 8 jun. 2021.

Também é possível analisar o custo do aspargo por unidade, cotado por pacote de 450 g (tabela 6.5).

Tabela 6.5. Comparação de preços por quilo de aspargo.

Especificação	Qtde. média de aspargos em pacote de 450 g	Preço/pct. com 450 g*	Custo por unidade (pacote) mín./máx.		Custo médio unitário
Grosso (XL ou GG)	8-11	R$ 28,00	R$ 3,50	R$ 2,55	R$ 3,02
Médio (L ou G)	13-16	R$ 28,00	R$ 2,15	R$ 1,75	R$ 1,95
Fino	25	R$ 28,00	R$ 1,12		R$ 1,12

*Preço cotado com distribuidor em 8 jun. 2021.

Analisando os valores das tabelas 6.4 e 6.5, se os aspargos inteiros fazem parte do cardápio, o gestor não deve apenas considerar o preço do maço ou o preço por quilo, mas também o custo unitário dos aspargos que irá compor o prato.

CASO 18 – ESPECIFICAÇÃO DE ASPARGO EM *BUFFET* DE SALADA COM PREÇO FIXO

Estabelecimento

Restaurante de sistema *buffet* com preço fixo por cliente localizado na cidade de São Paulo.

Cenário encontrado

Primeiro desperdício financeiro: o aspargo adquirido pelo restaurante era GG (grosso).

Segundo desperdício financeiro: a área de produção cortava a parte mais grossa dos aspargos, os quais eram servidos inteiros no *buffet*.

Apesar de a qualidade e a quantidade de itens no *buffet* serem muito elogiadas, observou-se que muitos clientes deixavam no prato pedaços de aspargos (desperdício). Investigando o motivo das sobras, constatou-se que a textura estava macia, adequado ao produto (controle de qualidade era realizado na cozinha pelo *chef*), e o sabor estava dentro do padrão da receita. Não havia nada de errado com o aspargo.

Concluiu-se, então, que os clientes deixavam os pedaços de aspargos no prato por causa do tamanho da porção servida, uma vez que, além de serem grossos, os aspargos eram servidos inteiros.

Encaminhamento e soluções

Ao analisar os desperdícios nas diferentes etapas do processo, verificou-se que aspargos médios e finos deveriam substituir o grosso.

Após testes de degustação, o empreendimento concluiu que as partes duras eram em menor quantidade, reduzindo, assim, o desperdício.

Analisando os custos unitários dos aspargos de calibre grosso e médio, chegou-se à conclusão de que, ao fazer a substituição pelos aspargos de calibre médio, os clientes não seriam prejudicados, pois continuariam se servindo à vontade.

O restaurante criou um cadastro, revisou a ficha técnica e verificou a diminuição do CMV.

Resultados

Os clientes não foram prejudicados com a alteração de calibre do aspargo, e, melhor ainda, não ficavam mais sobras nos pratos.

Os clientes continuavam satisfeitos e o custo do prato, complementado com outras ações, somou-se a um resultado bastante satisfatório, uma vez que o custo passou a ser feito por unidade de aspargo.

O custo da matéria-prima sofreu redução na ordem de 30%, entre preço e desperdício.

CARNES BOVINAS

O grupo das carnes bovinas representa, muitas vezes, o principal item de vários produtos acabados de negócios de alimentação. Se pensarmos em estabelecimentos que servem principalmente pratos com proteínas bovinas, a representação na curva ABC de compras pode atingir mais de 50%.

Nishio e Alves (2019) afirmam que existem várias opções de corte no mercado fornecedor, e conhecer suas especificações e as diferenças entre eles faz com que sejam atendidas as expectativas do cliente em relação ao produto final, porém com custos mais interessantes.

O alerta é de que devemos conhecer a real necessidade da utilização da carne bovina para, assim, decidir qual corte é o mais indicado e criar a especificação de matéria-prima. Dessa maneira, é importante conhecer a versatilidade dos diversos tipos de cortes a fim de escolher a melhor opção, equilibrando sabor e preço.

A figura 6.7 apresenta a localização dos cortes, entre os quais alguns serão abordados neste capítulo.

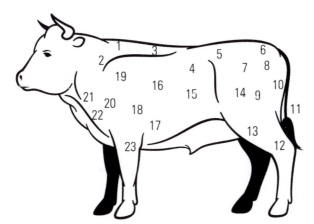

Figura 6.7. Cortes bovinos: 1. Cupim. 2. Acém. 3. Contrafilé de costela. 4. Contrafilé de lombo. 5. Filé-mignon. 6. Picanha. 7. Miolo de alcatra. 8. Coxão duro. 9. Coxão mole. 10. Lagarto/tatu. 11. Rabo. 12. Músculo traseiro. 13. Patinho. 14. Maminha. 15. Fraldinha. 16. Costela. 17. Costela ponta de agulha. 18. Miolo da paleta. 19. Raquete. 20. Peixinho. 21. Pescoço. 22. Peito. 23. Músculo dianteiro.
Fonte: adaptado de Associação dos Criadores de Mato Grosso (Acrimat) *apud* Alves (2018).

Coxão mole

Coxão mole (figura 6.7, item 9) é um tipo de corte de carne situado na parte traseira do boi, na parte interna da coxa, entre o patinho e o lagarto. É também chamado, em algumas regiões do Brasil, de coxão de dentro, chã, chã de dentro, polpa, polpão, etc.

É considerado um coringa na cozinha, pois é macio, de fácil e rápido preparo e adequado para diferentes pratos.

A seguir, apresentaremos como os músculos que compõem a peça de coxão mole, quando utilizados adequadamente conforme sua maciez, fazem a peça ser altamente produtiva e contribuem para a redução de custo.

Você possivelmente já deve ter consumido bife grelhado de coxão mole e observado que pode haver variação de maciez. Por que isso acontece? Por que a textura da carne pode variar?

Figura 6.8. Coxão mole inteiro.
Crédito: Pablo Merilis.

A peça de coxão mole inteira é composta por músculos, alguns macios e outros duros, que precisam de atenção específica ao serem cortados, para serem aproveitados ao máximo.

- **Músculos macios:** miolo do coxão mole, pera e maçã do coxão.
- **Músculo mais duro:** capa do coxão mole.

Quando se cortam bifes da peça de coxão mole inteira, tanto os músculos mais macios quanto os mais duros estão presentes. Para servir bifes apenas com partes macias, pode-se adquirir apenas as partes mais macias ou, se o estabelecimento contar com um profissional que conhece cortes de carne, ele deve separar os músculos e dar tratamento adequado para o pedaço.

A capa do coxão mole é uma peça de, aproximadamente, 1,3 kg, e pode ter preços atraentes quando adquirida separadamente, chegando a ser 30% menor do que o miolo de coxão mole.

Com a capa do coxão mole, podem ser preparados:

- Bifes tipo escalope (com 50 g a 70 g).
- Peça inteira da capa, com a parte de gordura para dentro, recheada, por exemplo, com farofa de banana, como se fosse um grande bife rolê, amarrada com barbante e fatiada depois. A gordura deixa a carne macia e com um sabor muito agradável (a peça aberta lembra matambre, que envolve a costela).
- Pratos de iscas.

Figura 6.9. Cortes do coxão mole. Os cortes podem ser menos ou mais limpos, removendo-se nervos, gorduras e pele cinza, também chamada de espelho.
Crédito: Pablo Merilis.

A pera e a maçã são retiradas da parte inferior do coxão mole. Por serem consideradas peças de corte nobre, normalmente são separadas nos frigoríficos para serem comercializadas à parte. Extremamente macias, sua textura lembra miolo de alcatra. A pera do coxão mole é uma peça pequena com 300 g em média.

CASO 19 – ENSINANDO A UTILIZAR CAPA DE COXÃO MOLE

Estabelecimento
Rede de restaurantes localizados em diversas cidades do estado de São Paulo.

Cenário encontrado
No contrato entre o restaurante terceirizado e o cliente contratante, constava uma frequência alta de 12 a 15 vezes por mês de bifes no cardápio, e o preço da carne estava no patamar elevado. O corte para as preparações era coxão mole.

No momento em que foi analisado o cenário do restaurante, os preços das carnes estavam em disparada e havia necessidade urgente de encontrar uma opção para manter o CMV sem deixar de utilizar o corte descrito no contrato.

Encaminhamento e soluções
Foram realizados testes de diferentes preparações de bifes com a capa de coxão mole, para saber se haveria diferença de sabor, textura e rendimento do produto final. Se aprovado, os colaboradores que manipulavam carnes seriam treinados para cortar a peça corretamente, assim como os cozinheiros seriam orientados a preparar os pratos mantendo o padrão.

A peça de capa de coxão mole, com 1,3 kg aproximadamente, foi cortada em três pedaços de 4 a 5 dedos, a favor da fibra; depois, os bifes foram cortados no sentido contra a fibra, na transversal, a fim de manter a maciez da carne, porque a peça de capa de coxão mole é muito baixa.

Os bifes pesavam em média de 60 g a 70 g, perfeitos para bifes escalopes. A gordura externa foi mantida para amaciar e dar suculência. Visualmente semelhantes aos bifes de contrafilé, os bifes de coxão mole têm sabor muito apreciado em razão da maciez e da presença de gordura.

Como cortar a capa de coxão mole

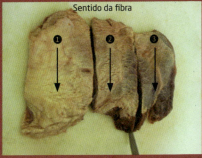

- Corte a peça da capa de coxão mole na vertical, em três partes, no mesmo sentido da fibra. (As peças estão numeradas de 1 a 3 para facilitar a compreensão.)

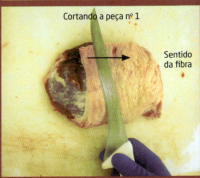

- Deite a peça nº 1 com a parte da gordura para cima, na horizontal.
- Corte "contra" a fibra.
- Retire uma pequena parte da capa de gordura (em torno de 7 cm), que será a altura do bife. Leve a lâmina da faca de 1 cm a 2 cm do início da gordura.

- Bifes de capa de coxão mole sempre devem ter uma "tira" de gordura, lembrando o corte de contrafilé. Esses bifes devem pesar, em média, 60 g a 70 g.

Crédito: Pablo Merilis.

Os bifes de capa de coxão mole são menos macios que os de miolo do coxão mole, por isso, devem ser amaciados mecanicamente (bater o bife) ou com a adição de produtos naturais que contenham certas enzimas, por exemplo, o mamão batido no liquidificador. O suco do abacaxi também pode ser utilizado, mas devendo-se tomar cuidado para não cozinhar demais a carne, fazendo-a perder a textura.

Resultados

Comparando os preços pagos pelo quilo de patinho e coxão mole, e considerando a substituição pelo coxão mole com capa, a economia obtida em relação ao patinho foi de 20,11%; e em relação ao coxão mole sem capa, na ordem de 30,13%, gerando uma economia anual considerável.

Acém

O acém (figura 6.7, item 2) é um corte da carne localizado na parte dianteira do animal, um pouco acima do peito. É também conhecido como agulha ou alcatrinha do dianteiro. Carne relativamente magra, quando considerado apenas o miolo do acém e separado do pescoço e do chicotinho. Fica deliciosa quando preparada em ensopados, assados, refogados, picadinhos e bifes.

É um grande músculo, composto por vários outros músculos menores: pescoço, miolo, meio, chicotinho, lombinho e capa do acém.

Na comercialização são encontrados: acém inteiro e miolo de acém destacado, também conhecido como *denver steak* (6.10).

Há uma explicação prática para essa separação.

- **Acém inteiro:** indicado para preparação de carnes picadas e moídas.
- **Miolo de acém:** mais "retangular", muito marmorizado, fica localizado na parte interna do acém. É um corte muito suculento, indicado para cozidos, carne de panela, e moídos, para *blends* (mistura de diferentes cortes de carne) de hambúrgueres artesanais.

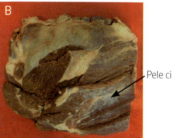

Pele cinza ou espelho

Figura 6.10. (A) Acém inteiro; (B) miolo de acém. Os cortes podem ser menos limpos ou mais limpos, removendo-se nervos, gorduras e pele cinza, também chamada de espelho.
Crédito: Pablo Merilis.

CASO 20 – SUBSTITUIÇÃO DE CORTE DE CARNE PARA PREPARAÇÃO DE HAMBÚRGUER

Estabelecimento
Hamburgueria na zona leste da cidade de São Paulo.

Cenário encontrado
Um jovem empreendedor havia inaugurado sua casa com um movimento razoável, mas não estava muito satisfeito com o produto oferecido. Considerava o hambúrguer muito seco, com pouca suculência e maciez. O sabor não lhe agradava.

Encaminhamento e soluções
Após análise de sabor e composição do *blend* (composição de diferentes cortes de carnes) do hambúrguer, foi sugerida a substituição do patinho por um novo *blend* com miolo de acém e mais dois cortes que o dono do negócio poderia escolher.

De posse das informações sobre o acém, o empreendedor realizou testes, criando um novo *blend*, mais suculento.

Resultados
O empreendedor ficou muito satisfeito com a nova composição de miolo de acém, gordura de peito bovino e costela.

Não houve redução de CMV, pois o dono do estabelecimento, empolgado, incrementou o hambúrguer com molhos especiais. No entanto, com a propaganda "boca a boca", as vendas dispararam em 30%, aumentando a margem de contribuição (preço de venda menos custo).

Alcatra

A alcatra (figura 6.7, itens 6, 7 e 14) é um corte localizado na traseira do animal e dá origem a alguns subcortes, como o miolo de alcatra, a maminha e a picanha. Em geral, esses cortes são utilizados em ensopados, churrascos, refogados, assados e bifes.

O miolo da alcatra, por sua vez, é composto por outros subcortes principais (figura 6.11), e os pesos das peças podem variar conforme o tamanho do animal.

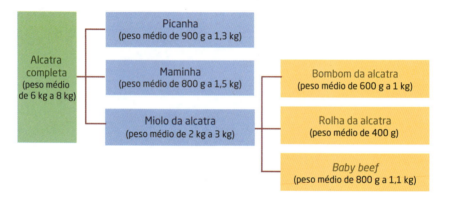

Figura 6.11. Cortes e subcortes da alcatra completa.

Figura 6.12. Miolo, maminha e picanha de alcatra. Os cortes podem ser menos ou mais limpos, removendo-se nervos, gorduras e pele cinza, também chamada de espelho.
Crédito: Pablo Merilis.

Especificação de matéria-prima | 133

Figura 6.13. Rolha de alcatra, bombom e baby beef. Os cortes podem ser menos ou mais limpos, removendo-se nervos, gorduras e pele cinza, também chamada de espelho.
Crédito: Pablo Merilis.

CASO 21 – ESTUDO DE RENDIMENTO DO MIOLO DA ALCATRA

Estabelecimento

Restaurante localizado na cidade de São Paulo, dentro de um *shopping*.

Cenário encontrado

Cardápio composto por bife e iscas de alcatra. Os pedidos de compra eram enviados da loja para o comprador, que também recebia as queixas de perdas e falta de rendimento, o que gerava problemas de falta do produto para cumprir o planejamento, aumentando o custo. Apesar de as perdas serem muito elevadas, o gestor da loja não conseguia mensurá-las adequadamente por desconhecer a metodologia de avaliação de perdas e, assim, não identificava possíveis soluções.

Por desconhecer os cortes da alcatra, o responsável pelas compras ora optava pelo miolo da alcatra, ora pela rolha ou até a maminha. Entre erros e acertos, o comprador adquiria os cortes que eram recomendados pelos fornecedores.

Nas lojas, os manipuladores de carnes não eram fixos, todos podiam ter de cortar carne, mesmo sem conhecerem direito os cortes. Dessa maneira, a falta de padronização era muito grande.

Os desafios eram vários para o gestor.

Encaminhamento e soluções

Foram avaliados os cortes disponíveis no estoque e como os colaboradores manipulavam a carne. Constatou-se que o aproveitamento do produto variava de 67,5% a 79%, excluindo-se as partes que seriam utilizadas para a preparação das iscas.

Foram apresentados todos os cortes que faziam parte do miolo de alcatra, para que o negócio conhecesse tanto a especificação de cada um quanto o rendimento previsto em cada preparação.

Resultados

Após testes e avaliação de rendimento, os cortes que apresentaram melhores resultados foram a rolha (96,07%) e o bombom de alcatra (96,55%).

Tendo em vista a oferta de produtos dos fornecedores e a necessidade do cliente, a opção escolhida foi a rolha de alcatra. Isso resultou em uma economia de 28,56% na quantidade de compra, colaboradores mais bem treinados e padronização do produto comprado e do produto final. Todas as partes ficaram satisfeitas.

Cupim

O cupim (figura 6.7, item 1) nada mais é do que a corcova, ou giba, do boi. Desse modo, os animais que não têm corcova não têm cupim.

O gado zebu com a corcova é da subespécie *Bos taurus indicus*, encontrada na maioria das regiões do Brasil. Originário da Índia, ele se adaptou facilmente ao clima de diversas regiões e tem sido muito utilizado em cruzamentos, ganhando cada vez mais espaço dentro da pecuária brasileira. O zebu é um dos animais com mais carne, gerando lucro ao pecuarista.

O gado sem corcova é da raça Angus, um animal britânico de pelagem avermelhada, originária da região escocesa, e que entrou em território nacional pelos pastos da área de Bagé, no Rio Grande do Sul, considerado atualmente um importante centro de criação dessa raça.

Figura 6.14. Boi zebu (com cupim, a corcova).

Figura 6.15. Boi Angus (sem cupim).
Crédito: Rodrigo Andrade Matheus.

O cupim é conhecido pela suculência e maciez, pois sua gordura está distribuída em toda a carne. O cupim é uma carne com preço bastante acessível. Muitos desconhecem que existem duas classificações para esse corte: gordo e magro. Por esse motivo, alguns negócios acabam realizando compra errada, o que acarreta em prejuízo financeiro e reclamações de empreendedores e clientes.

- **Cupim A ou cupim gordo:** carne mais macia, com bastante gordura entremeada entre as fibras (marmoreio), indicada para ser grelhada ou para churrasco, pois a gordura derrete lentamente.
- **Cupim B ou cupim magro:** com pouca gordura entremeada (sem marmoreio), é uma carne mais dura, apropriada para preparações na panela e mais indicada para restaurantes.

Em relação ao preço, o cupim A é mais caro que o B. Portanto, escolher corretamente pode causar impactos tanto na qualidade do produto quanto no setor financeiro do negócio.

Figura 6.16. Cupim gordo (A) e cupim magro (B).
Crédito: Pablo Merilis.

Paleta

A paleta (figura 6.7, itens 18, 19 e 20) é a pata dianteira do boi, da qual são retirados três cortes: peixinho, raquete e miolo da paleta. São cortes suculentos e saborosos, mas seus músculos devem ser tratados separadamente, pois a maciez difere de um corte para outro.

- **Miolo da paleta:** localizado no meio da paleta, é também conhecido como *shoulder heart*, ou patinho do dianteiro, pela semelhança de qualidade e formato triangular do patinho. Macia, saborosa, suculenta e com pouca gordura e fibras, é uma carne perfeita para ser servida como bife grelhado, à milanesa ou assado.

Nos negócios de alimentação, o miolo da paleta pode substituir os cortes tradicionais (patinho, coxão mole e coxão duro), sendo uma das partes com melhor custo-benefício e de fácil manipulação (mais fácil de cortar do que patinho e coxão mole).

Em pesquisa de preço realizada pela internet em 17 de junho de 2021, em três regiões diferentes do Brasil (regiões Nordeste e Sul e na cidade de São Paulo), o miolo da paleta apresentou preços menores, de 8% a 10%, em relação a cortes tradicionais como coxão mole e patinho. No entanto, é mais difícil de ser encontrado, uma vez que, em geral, é destinado à exportação.

- **Peixinho:** tem formato de um peixe ou de filé-mignon. É conhecido também como lagartinho do dianteiro e ganso redondo. Diferentemente do lagarto, é uma carne dura, o que demanda mais tempo de cocção para amaciá-la. Também é mais cara que o lagarto, fugindo à regra de que corte dianteiro é mais barato.

- **Raquete:** também conhecido no Brasil como *shoulder steak*, esse corte está localizado na parte superior do miolo da paleta e possui sabor diferenciado. Já foi muito desprezado por ser considerado "carne de segunda", mas atualmente se destaca pelo sabor e maciez. Possui capa de gordura externa, que pode ser removida. A peça de raquete possui um nervo bem no meio da peça. Ao retirá-lo, puxando-o, a carne se abre em dois pedaços, como uma asa de borboleta, originando as chamadas *flat iron*, terceiro corte mais macio do animal, atrás apenas do filé-mignon e do petit tender (pequeno músculo retirado da paleta, mas com gordura entremeada ou marmorizada, característica do gado Angus). A raquete é recomendada para churrascos e grelhados. Por suas qualidades, o empreendedor deve se atentar ao preço antes de incluí-la no cardápio do restaurante.

CASO 22 – MIOLO DA PALETA

Estabelecimento
Rede de restaurantes com várias lojas espalhadas pelo Brasil.

Cenário encontrado
A rede atendia diversos perfis de clientes com serviço tipo *buffet*, em que cada pessoa se serve do prato e na quantidade que deseja.

No cardápio, predominavam preparações de proteína à base de carne bovina – as preferidas dos clientes –, como bife à milanesa, bife rolê recheado com cenoura e bacon, carne de panela e bife acebolado, os quais representavam 47,52% de todas as preparações bovinas. Escalopinho, iscas grelhadas e espetos representavam 29,75%.

Para todas as preparações eram utilizadas peças de coxão mole sem capa. Diante da alta dos preços da carne, o diretor da empresa passou a questionar por que se usava apenas coxão mole, e se outros cortes, com preços mais acessíveis, não podiam ser utilizados sem causar a insatisfação dos clientes.

Encaminhamento e soluções
Foi realizada uma pesquisa no frigorífico sobre quais cortes do boi poderiam ser utilizados para as preparações dos restaurantes.

O fornecedor demonstrou como era realizada a desossa do boi para apresentar o miolo da paleta, até então uma peça desconhecida para o estabelecimento.

Resultados
Foram preparados bifes, iscas e escalopes para degustação com o miolo da paleta, e todos foram aprovados por unanimidade.

A aprovação dos cozinheiros também foi fundamental para a substituição.

Os cozinheiros, então, foram treinados para cortar a carne e prepará-la corretamente para não haver falhas e prejudicar o produto final. O envolvimento de toda a equipe da rede foi fundamental para o sucesso da substituição, que levou a uma economia de 25% no valor de compra, reduzindo o CMV em 4%.

Contrafilé

O lombo do boi, conhecido como contrafilé (figura 6.7, itens 3 e 4), está localizado na lateral superior das costas do animal, logo acima das costelas (precisamente entre a 6ª e 13ª costela). É um corte nobre, o mais longo da parte traseira do animal, que representa cerca de 14% da carcaça e pode pesar até 8 kg.

Com a profissionalização do churrasco no Brasil, passaram a separar o contrafilé em três cortes, conforme o comprimento do lombo.

1. Na extremidade dianteira do lombo, encontramos o saboroso bife *ancho*, ou filé de costela, *noix entrecôte*, *ojo de bife* ou *ribeye*. É um corte muito macio e suculento, utilizado principalmente para churrasco ou grelhado, assado, refogado e picadinho. O corte com osso é chamado de bisteca bovina ou chuleta.
2. Na parte central da peça, está o contrafilé, ou bife de chorizo ou angosto, que costuma ser porcionado em fatias mais finas do que os outros dois cortes e usado para bifes. A camada de gordura que cobre a peça deixa a carne macia e suculenta.
3. A extremidade final do lombo é o contrafilé com entrada da alcatra, que chamamos de triângulo.

Figura 6.17. Contrafilé inteiro.
Crédito: Pablo Merilis.

Figura 6.18. Partes do contrafilé.
Crédito: Pablo Merilis.

Em relação ao contrafilé, um dos maiores dilemas é saber o ponto de cocção.

- **Selada (equivalente ao *blue* francês):** selada na chapa ou frigideira e totalmente crua por dentro. Deve ficar no fogo por cerca de 4 minutos, e a temperatura da carne não deve passar de 55 °C. Também é conhecida como "sangrando".
- **Malpassada (equivalente ao *saignant*):** selada na chapa ou frigideira por mais de 1 minuto, com a parte crua e avermelhada por dentro, sem sangue. Sua textura é macia, porém com certa resistência. Deve permanecer no fogo por 5 minutos no máximo, e a temperatura da carne não deve passar dos 60 °C.
- **Ao ponto para mal (equivalente a *au point*):** grelhada por fora e a parte interna avermelhada, mais próximo do cru. É mais resistente ao toque, quase firme. Deve permanecer no fogo por 6 a 7 minutos, e sua temperatura não deve passar de 68 °C.
- **Bem-passada:** totalmente grelhada por fora e cozida por dentro. Sua textura é muito firme, quase seca, e sua temperatura alcança a marca dos 75 °C. Deve permanecer no fogo por 9 minutos ou mais, dependendo da espessura do corte.

O binômio tempo-temperatura depende da especificação do bife (raça do animal, altura da carne, comprimento e gramagem) e da qualidade do equipamento e do conhecimento do churrasqueiro.

Figura 6.19. Bife de contrafilé ao ponto para malpassado.
Crédito: Angelo Dal Bó.

Figura 6.20. Bife de contrafilé malpassado.
Crédito: Angelo Dal Bó.

Picanha

A picanha (figura 6.7, item 6) é parte da alcatra, retirada da traseira do boi. Também é conhecida como *rump cap* e *top sirloin cap*.

Muitos dizem que o tamanho da picanha é de 900 g; outros, de 1,2 kg; e outros ainda, de no máximo 1,6 kg. A verdade é que o tamanho da picanha depende do boi: um animal grande tem uma peça de picanha maior.

A picanha é classificada conforme a altura da capa de gordura.

- **Picanha AA ou *grill*:** diferencia-se das demais por seu acabamento com capa de gordura alta e uniforme. Por causa da capa e por ser uma carne mais marmorizada, é ideal para churrasco, pois dificulta o ressecamento da peça.
- **Picanha A:** tem capa de gordura um pouco mais baixa que a *grill*, mas ainda é uma carne macia e suculenta.
- **Picanha B:** com capa de gordura baixa e não uniforme, podendo apresentar falhas (ausência de gordura). Essas falhas podem ser resultado da retirada do carimbo do serviço de inspeção. Menos macia, é mais indicada para cortes de bifes finos para sanduíches ou moídas para hambúrguer (com complementação de gordura).

Figura 6.21. Classificação da picanha.
Crédito: Pablo Merilis.

CASO 23 – RECLAMAÇÃO DO CLIENTE: *STEAK* DE PICANHA

Estabelecimento
Restaurante corporativo com serviço *à la carte* localizado na região do Grande ABC, no estado de São Paulo.

Cenário encontrado
O restaurante oferecia pratos com carnes nobres, entre eles, o *steak* de picanha A, que havia sido escolhido porque sua preparação era feita no *char broiler* (equipamento composto por grelhas que funcionam a gás ou pedras vulcânicas). Não havia necessidade de a camada de gordura ser muito alta, o corte deveria apenas ter gordura suficiente para a carne se manter macia. Durante a inspeção no restaurante, confirmamos que a carne estava macia e saborosa, mas o filete de gordura característico do corte não satisfez um cliente, que reclamou.

Encaminhamento e soluções
O gerente, então, explicou ao cliente a diferença de raças de gado e o marmoreio da carne e sua influência na maciez.

A explicação, falada com muita calma e didática, fez o cliente entender que não iria encontrar carne suculenta, macia e "magra" se quisesse consumir picanha. A opção, nesse caso, deveria ser filé-mignon.

Resultados
É preciso tentar antecipar os problemas e as reclamações. Com colaboradores bem treinados, no momento do pedido, poderia ter sido oferecido o filé-mignon, que seria mais adequado para esse cliente. Esse ensinamento, o gerente aprendeu. E a partir daquele momento foram providenciadas medidas para adequar as preparações às expectativas dos clientes.

Hambúrguer

O hambúrguer surgiu na Alemanha e começou a conquistar outros países após a Segunda Guerra Mundial. No Brasil, tornou-se popular na década de 1950, quando o tenista norte-americano Robert Falkenburg abriu a primeira lanchonete que servia sorvete, cachorro-quente e hambúrguer. A partir de então, o hambúrguer caiu no gosto do paladar brasileiro.

A Codex Alimentarius, comissão ligada à Organização das Nações Unidas para a Alimentação e a Agricultura (FAO) e responsável por criar padrões de segurança na indústria de alimentos, e a Organização Mundial da Saúde (OMS) estimaram que até 2020 o hambúrguer seria o prato mais difundido no Brasil, ultrapassando a pizza (SEBRAE, 2020). Em um dos principais aplicativos de *delivery* brasileiro, foram realizados, em 2019, 26 milhões de pedidos de hambúrguer contra 21 milhões de pedidos de pizza.

O produto é tão consumido ao redor do mundo que mereceu até uma data especial de comemoração: 28 de maio, Dia do Hambúrguer (SEBRAE, 2020). O Instituto de Gastronomia levantou que, entre 1994 e 2014, o consumo do hambúrguer no Brasil aumentou 575% (MAFRA, 2020). Ele também atraiu *chefs*, que criaram os hambúrgueres *gourmets* ou artesanais, e atraiu novos empreendedores para esse novo nicho de negócio.

Os diferentes cortes de carne que compõem o hambúrguer são chamados de *blend*, e cada composição resulta em um produto de textura e sabor diferentes. Em muitos empreendimentos, as especificações dos *blends* são guardadas a sete chaves, e um mesmo estabelecimento pode ter várias misturas, variando conforme oscilação de preço ou de oferta de cortes de carne.

Figura 6.22. Preparação de *blend* de hambúrguer.

São diversas as variáveis na produção que podem alterar o produto final:

- **Procedência da matéria-prima (cortes de carne):** se é de gado Nelore, Angus ou até de Wagyu (marmorizadas).
- **Criação:** se os animais foram criados em pastos ou em confinamento (sistema de criação em que os animais ficam em currais com dimensões determinadas e recebem ração balanceada). Esses fatores impactam diretamente no sabor e na maciez, uma vez que a carne carrega as características da alimentação do animal.
- **Temperatura:** o hambúrguer pode ter suas qualidades alteradas se não houver controle da temperatura da carne durante o processo de moagem. A temperatura pode subir muito durante a moagem, havendo necessidade de monitoração.
- **Processo de moagem da carne:**
  - A carne pode ser homogeneizada, quando é moída em máquina especial que padroniza o teor de gordura; ou não homogeneizada, quando é moída em moedor normal, não mantendo a padronização de seu teor de gordura natural, ou seja, pode variar a cada produção.
  - Os nervos podem, ou não, ser retirados (utilizando um desnervador) durante o processo de moagem.
  - Pode haver variação da granulometria, alterando os discos de moagem, resultando em pedaços de carne moída mais finos ou grossos.
  - A lâmina do disco do moedor deve estar bem afiada para que o corte da carne não a deixe com textura pastosa.
  - A quantidade de vezes que a carne será moída (uma ou duas) faz diferença.
- **Formatação:** o hambúrguer pode ser modelado com equipamento ou manualmente. As carnes variam de acordo com a compactação e a pressão como são manipuladas, influenciando na qualidade dos hambúrgueres.
- **Espessura:** pode variar conforme gramagem, definida pelo empreendedor de acordo com a velocidade de atendimento aos clientes e a quantidade de produtos oferecidos. Hambúrguer mais fino e de menor gramagem são grelhados em menos tempo, enquanto os mais altos e os de maior gramagem demoram mais para chegar ao ponto de consumo ideal.
- **Equipamentos para preparação:** chapa de ferro, grelha de carvão, fogo e pedra. Os hambúrgueres devem ser adequados a cada tipo de equipamento.
- **Diâmetro:** pode variar para se adequar ao tipo de pão com o qual será consumido, por exemplo, pão de hambúrguer, italiano, francês em

formato redondo, australiano, de azeite, de cebola, brioche de origem francesa e *ciabatta*.
- **Preparação:** se os hambúrgueres crus serão congelados ou apenas resfriados. O congelamento deve ser feito por meio de equipamentos adequados para não haver formação de macrocristais de gelo (cristais grandes de gelo durante o congelamento).
- **Cocção:** pode ser feita com o hambúrguer ainda congelado direto no fogo da grelha ou chapa; os hambúrgueres podem ser descongelados em equipamentos com temperatura controlada; ou grelhados, sem nunca terem passado por congelamento.
- **Especificação da carne:**
    1. Carne do *blend* moída e boleada (a carne pode ser comprada em formato de bola), para preparação do *smash* (hambúrguer com aproximadamente 100 g que é pressionado com uma espátula sobre uma chapa na hora da grelhagem), ou em formato de hambúrguer tradicional.
    2. Carne já no formato de hambúrguer tradicional, pronto para grelhar. Nesse caso, os hambúrgueres podem ser adquiridos congelados ou apenas resfriados; o congelamento deve ser feito por meio de equipamentos adequados para não haver formação de macrocristais de gelo.
    3. A carne do *blend* pode ser adquirida moída e embalada em saco plástico tipo bolsa para ser boleada na loja. Para esse processo, o empreendedor deve possuir instalações para preparação com temperaturas baixas (no máximo 13 °C) para não causar exsudação da carne (perda do líquido), tornando o hambúrguer seco e sem a qualidade esperada.
    4. Carnes do *blend* em pedaços ou cubos, cortadas e resfriadas: pode-se optar por receber os cortes do *blend* em porções corretas e para serem moídas e boleadas na loja.

Figura 6.23. Prensador para fazer hambúrgueres *smash*.

São muitos os fatores que alteram a produtividade e a qualidade do hambúrguer, o custo e o próprio conceito do negócio. O empreendedor que quiser trabalhar com hambúrgueres artesanais deve, primeiro, estudar os tipos de carne, realizar testes, investir em treinamento para si e para seus colaboradores e encontrar bons parceiros fornecedores que poderão ajudá-lo a tomar as melhores decisões sobre a composição dos *blends* e dos processos de produção.

CASO 24 – ALTERAÇÃO DO *BLEND* DE HAMBÚRGUER

Estabelecimento
Rede de lanchonetes na cidade de São Paulo.

Cenário encontrado
O CMV mensal do negócio era muito alto, reduzindo a lucratividade da rede.

Encaminhamento e soluções
Primeiramente, foi analisada a curva ABC de vendas dos produtos, para identificar e centralizar a atenção nos produtos que tinham maior representatividade nas vendas.

O hambúrguer representava mais de 65% do total de vendas.

A rede possuía apenas um tipo de *blend* de hambúrguer bovino, utilizado em diversos lanches presentes no cardápio, com um custo de R$ 3,04.

BLEND 1			
Tipo de carne (bovina)	Preço p/ kg	% de utilização	Valor de cada tipo de carne conforme %
Peito	R$ 27,61	60,00%	R$ 16,57
Acém	R$ 35,77	30,00%	R$ 10,73
Costela	R$ 31,52	10,00%	R$ 3,15
Valor total p/ kg do *blend*			R$ 30,45
Valor de cada hambúrguer com 100 g			R$ 3,04

Foram solicitadas amostras de alguns tipos de cortes para que o *chef* pudesse testar novos *blends*, sem que se perdesse a qualidade do produto final.

Após várias tentativas, foi aprovada uma nova composição:

BLEND 2			
Tipo de carne (bovina)	Preço p/ kg	% de utilização	Valor de cada tipo de carne conforme %
Peito	R$ 27,61	50,00%	R$ 13,81
Acém	R$ 35,77	20,00%	R$ 7,15
Costela	R$ 31,52	10,00%	R$ 3,15
Coxão duro	R$ 13,96	20,00%	R$ 2,79
Valor total p/ kg do *blend*			R$ 26,90
Valor de cada hambúrguer com 100 g			R$ 2,69

Com a inserção do coxão duro, o custo do hambúrguer passou para R$ 2,69, ou seja, houve uma redução de mais de 11%.

Resultados

Com a alteração na composição do *blend*, a rede passou a economizar mensalmente mais de R$ 20.000,00, sem afetar a qualidade do produto oferecido ao cliente.

PESCADOS

Chamamos de pescados todos os animais que vivem em água doce ou salgada – peixes, crustáceos, moluscos e alguns anfíbios –, que servem para a alimentação humana e que podem ser encontrados no cardápio de diversos negócios de alimentação.

Os peixes apresentam nadadeiras, barbatanas, brânquias, rabo e escamas. São animais que vivem ou na água doce, como dourado, pintado e tilápia, ou na salgada, por exemplo, salmão, bacalhau, atum e sardinha.

Os crustáceos mais conhecidos e consumidos nos negócios de alimentação são: siri, caranguejo, lagosta e camarão. Quanto aos moluscos, os mais conhecidos são: mexilhão, lula, polvo, vieira e ostra. A rã é um dos anfíbios mais consumidos na alimentação, mas está presente no cardápio de poucos restaurantes.

Os pescados podem ser de procedência da atividade extrativista em ambiente natural ou da aquicultura, criação das espécies em um espaço confinado e controlado. Teríamos grande dificuldade de obter os produtos necessários para as preparações de todos os restaurantes se dependêssemos apenas da pesca. Desse modo, a aquicultura, além de conseguir atender à demanda, produz matérias-primas mais homogêneas, com qualidade e regularidade.

De acordo com Lopes, Oliveira e Ramos (2016), o consumo de peixes pela população brasileira é considerado ainda muito baixo em comparação aos países europeus ou outros latino-americanos, em que o consumo é o dobro do Brasil. Além disso, há grande diferença de consumo entre as regiões brasileiras, seja por diferenças de origem e oferta dos produtos, seja pelo interesse ou por questões culturais.

Contudo, há uma tendência crescente de um estilo de vida mais saudável, que defende hábitos alimentares com consumo menor de produtos industrializados, o que faz aumentar o interesse pelos pescados.

Atualmente, os pescados comercializados no Brasil, oriundos da pesca ou da aquicultura, são fornecidos por grandes distribuidores especializados ou vendidos em supermercados, feiras livres ou mercados centrais de abastecimento. São oferecidos inteiros, eviscerados (inteiros, sem vísceras nem cabeça), cortados em postas ou filés, pré-processados, com gramagens sob encomenda, frescos ou congelados.

Diferença entre IQF, blocado e IVP

Segundo Oetterer, Savay-da-Silva e Galvão (2012), o congelamento é o melhor método para prolongar a vida útil do pescado. A qualidade do produto é proporcional à intensidade da temperatura de congelamento e, por isso, os países de regiões frias levam grande vantagem, uma vez que o manejo pós-captura, se feito sob baixa temperatura, facilita as etapas seguintes de armazenagem.

Entende-se por congelado o pescado tratado por processos adequados de congelamento, em temperatura não superior a −25 °C. Depois de submetido ao congelamento, o pescado deve ser mantido em câmara frigorífica a −15 °C; e, uma vez descongelado, não pode ser novamente armazenado em câmaras frigoríficas.

Os pescados podem ser congelados de três formas:

1. **IQF (*individual quick frozen*):** processo em que os pescados – principalmente pescada, merluza, camarão e lagosta – são congelados individualmente, recebendo uma camada de água na superfície do produto para permitir a formação do *glaze* (capa de gelo).
Esse processo, conhecido como glaciamento, protege o pescado da desidratação e oxidação lipídica, duas das causas da deterioração durante a estocagem.
Empreendedores e responsáveis pela cadeia de suprimento devem estar atentos à instrução normativa de transporte e armazenamento do Ministério da Agricultura, Pecuária e Abastecimento (Mapa), que regulamenta a porcentagem de glaciamento, além do peso do produto. No processo de IQF, o congelamento ocorre com extrema rapidez, para que não sejam formados cristais de gelo dentro do alimento que, danificando as paredes das células e reduzindo a qualidade do produto.

2. **Blocado:** processo em que os pescados – principalmente pescada, merluza e camarão – são congelados dentro de formas, separados por filme plástico a cada camada, formando blocos chamados de interfolhados. As embalagens mais utilizadas no congelamento são as caixas de papelão parafinado ou recipientes plásticos no formato dos blocos. Nesse tipo de congelamento, não há glaciamento. Os produtos blocados tendem a ter menor porcentagem de degelo que o IQF, o que torna o processo mais vantajoso quando é feita a comparação no custo final.

3. **IVP (*individual vacuum pack*):** processo em que os pescados, principalmente salmão inteiro ou em filé, são congelados embalados a vácuo. Também são chamados de IVP drenado. O processo não envolve glaciamento do produto, e, ao serem descongelados, os pescados não correm o risco de apresentar "gelo".

Camarão

Camarão é um pequeno crustáceo da ordem Decapoda e pode ser encontrado por todo o mundo, tanto em água doce quanto salgada (ALVES, 2020). É muito apreciado, principalmente na alta gastronomia, na qual é utilizado no preparo de pratos mais refinados. No Brasil, apesar de ser um dos países que mais produzem camarão em cativeiro, e, nas últimas três décadas, sua criação ter crescido principalmente na região Nordeste, o consumo *per capita* do crustáceo é muito pequeno, na ordem de 500 g/ano, metade da média mundial.

O camarão tem características que devem ser consideradas ao se escolher o tipo mais adequado para cada preparação culinária:

- **Variedades:** em todo o mundo, há centenas de espécies de camarão. Especificamente no Brasil, há variedades de água salgada e doce. Entre os tipos mais conhecidos e consumidos, estão:
  - Sete-barbas: espécie facilmente encontrada em todo o Brasil, com destaque para o estado da Bahia, onde mais de 99% da sua captura é realizada por meio de arrasto. Seu tamanho é pequeno, mas o sabor é intenso, podendo ser frito ou usado como recheio e em molhos.
  - Vermelho: típico das águas marinhas brasileiras, pode atingir até 20 cm. Costuma ser preparado frito ou cozido.
  - Branco ou cinza: apesar do nome branco, sua coloração natural é cinza-clara. É a espécie mais criada em cativeiro em todo o mundo, inclusive no Brasil; é originária do oceano Pacífico e pode chegar a 20 cm.
  - Pitu: é considerado a maior espécie que vive nas águas doces brasileiras e chega a medir quase 50 cm, podendo pesar até 300 g. O pitu pode ser frito na manteiga, cozido ou grelhado, por exemplo.
  - Rosa: essa espécie é cobiçada por aqueles que adoram comer camarão. Pode atingir cerca de 18 cm e pesar 17 g, tem uma carne levemente adocicada, perfeita para receitas como camarão na moranga ou entradas fritas.
  - Da Amazônia: nativo da bacia do Amazonas e da bacia do Pantanal. Também pode ser encontrado em estados da região Sul e Sudeste, como Paraná e São Paulo.

A partir de 2007, a produção de camarão da Amazônia, criado em cativeiro, vem encontrando bons resultados. Entre os tipos de camarão de água doce, o da Amazônia é uma das espécies que se desenvolve bem em policultivo, junto de peixes como lambari e tilápia.

- **Tamanho:** o critério de classificação do camarão pelo tamanho, adotado pela indústria brasileira, é o seguido internacionalmente: número de unidades de camarão por peso-padrão.
  - Camarão inteiro (com cabeça): considera o número de camarões contido em 1 kg. A classificação 80/100 significa que, em 1 kg, há cerca de 80 a 100 camarões, em média 90 unidades com peso médio de 11 g cada.

Tabela 6.6. Quantidade de peças de camarão por quilo e peso unitário.

Tabela de equivalência para camarão inteiro (peças/kg)							
Classificação	40/50	50/60	60/70	70/80	80/100	100/120	120/150	150
Peso unitário	22 g	18 g	15 g	13 g	11 g	9 g	7,8 g	6,5 g

  - Camarão sem cabeça (com ou sem casca): número de camarões em 1 libra (454 g), independentemente do tamanho da embalagem, seja com ou sem casca. Em uma caixa com 454 g, há entre 51 e 60 unidades com peso médio de 8,2 g.

Tabela 6.7. Classificação de camarão sem cabeça.

Tabela para camarões sem cabeça ou descascados (peças/libra-peso)							
31/35	36/40	41/50	51/60	61/70	71/90	91/110	111/130

Figura 6.24. Classificação do camarão sem cabeça.
Fonte: adaptado de Mendonça (2021).

Tabela 6.8. Variedades e classificações de camarões com cabeça – peso médio unitário.

Camarão	Tamanho			
	P	M	G	ExtraG
Rosa	25-30 g	40-45 g	70-80 g	90-110 g ou mais
Cinza	13-15 g	18-20 g	23-26 g	30-34 g ou mais

Figura 6.25. Classificação segundo tamanho dos camarões-rosa e cinza com cabeça.

- **Quantidade de água presente no camarão:** com frequência, ouvimos reclamações sobre o excesso de água presente no camarão. Qual é o critério para calcular a presença de água e, consequentemente, a perda de peso do camarão durante o degelo? O cálculo de rendimento nas fichas técnicas, tanto de fator de correção como de índice de cocção, diverge na prática. Existe uma instrução normativa do Mapa que determina o limite máximo de glaciamento (formação de gelo sobre os camarões) em 20%.

> Art. 4º. É permitida a realização de glaciamento do camarão congelado, até o limite máximo de 20% (vinte por cento) do peso líquido declarado.

§ 1º. O glaciamento de que trata o *caput* consiste na aplicação de água, adicionada ou não de aditivos, sobre a superfície do camarão congelado, formando-se uma camada protetora de gelo para evitar a oxidação e desidratação.

§ 2º. A água incorporada no processo de glaciamento não compõe o peso líquido declarado do produto.

Art. 5º. É permitido o congelamento em bloco de camarões, que deve ser realizado imediatamente após a incorporação de água.

Parágrafo único. A água incorporada no processo de formação do bloco não compõe o peso líquido declarado do produto e deve ser isenta de aditivos. (BRASIL, 2019).

Sobre o processo de congelamento, a instrução normativa define, no Art. 2º, § 1º, que a técnica adequada de congelamento deve ser realizada em equipamentos que atinjam o ponto de congelamento de –18 °C em menos de duas horas, e o processo de descongelamento não pode ultrapassar a temperatura de 4 °C.

O gestor da *supply chain* deve ser cuidadoso nos critérios de seleção do seu fornecedor, assim como treinar a equipe de recebimento e produção dos pratos. Em caso de dúvidas, sempre consultar o departamento de controle de qualidade ou responsável técnico para evitar prejuízos.

Salmão

Salmão é o nome de várias espécies de peixes da família Salmonidae, que também inclui a truta, típicas das águas frias do norte da Eurásia e da América. No Chile, elas se adaptaram bem à temperatura baixa do país.

A carne do salmão não é originalmente avermelhada, mas branca. Sua tonalidade é proveniente de um pigmento chamado astaxantina, encontrado em algas e alguns organismos unicelulares consumidos por camarões, que por sua vez são alimentos do salmão em seu hábitat natural. Em cativeiro, o salmão não se alimenta de camarão, então, por motivos comerciais, a astaxantina sintética é incluída na alimentação, fornecendo a coloração avermelhada ou rosada que conhecemos.

O salmão é um peixe bastante versátil, podendo ser utilizado em diversos preparos, como grelhado, assado, defumado ou sashimi, um dos principais pratos da culinária japonesa.

Uma grande dúvida que pode surgir em quem consome salmão é: se o salmão e a truta são da mesma família, quando vamos a um restaurante japonês, como podemos diferenciá-los?

Se servida com pele, é possível reconhecer a truta salmonada, pois sua pele possui algumas pintas avermelhadas, enquanto o salmão tem a pele prateada.

Figura 6.26. Salmão.
Crédito: Picturefoods.com/adobestock.com.

Figura 6.27. Truta salmonada.
Crédito: Edvard Ellric/adobestock.com.

Se o peixe é servido sem a pele, podemos verificar a cor e o sabor. A carne da truta salmonada possui uma tonalidade mais intensa, enquanto a do salmão é mais suave; o sabor do salmão é mais marcante, e a da truta mais suave.

Tabela 6.9. Comparação entre salmão e truta salmonada.

	Cor da pele	Carne	Presença de fibras	Sabor
Salmão	Ausência de pintas	Cor mais suave	Fibras firmes	Marcante
Truta	Presença de pintas avermelhadas	Cor mais intensa	Fibras suaves	Suave

Os salmões consumidos no Brasil, em geral, são de cativeiro, vindos principalmente do Chile. Eles são diferentes do salmão selvagem encontrado na América do Norte.

O salmão é classificado conforme seu peso, em calibres e em libras, similar à classificação de filé-mignon e de camarão sem cabeça.

Por exemplo, um salmão com 8/10 calibres deve pesar de 3,632 kg a 4,54 kg. Na tabela 6.10, estão as classificações e seus respectivos pesos.

Tabela 6.10. Classificação do salmão por calibre e pesos equivalentes.

Calibre	Lê-se	Peso (kg)
8/10	Calibre de 8 a 10 libras	3,632 kg a 4,54 kg
10/12	Calibre de 10 a 12 libras	4,54 kg a 5,448 kg
12/14	Calibre de 12 a 14 libras	5,448 kg a 6,356 kg
16/18	Calibre de 16 a 18 libras	7,264 kg a 8,172 kg

Obs.: 1 libra equivale a 0,454 kg.

Para melhor entendimento, na tabela 6.11 estão os pesos correspondentes na classificação por calibre.

Tabela 6.11. Tabela de equivalência de calibre/libra e kg.

Calibre (libra)	Peso de 1 libra/kg	Peso total (kg)
8	0,454	3,632
10	0,454	4,540
12	0,454	5,448
14	0,454	6,356
16	0,454	7,264
18	0,454	8,172

As classificações são válidas para peixes inteiros e filés de salmão resfriado ou congelado.

É preciso ressaltar que conhecer o rendimento e o custo real do salmão é de extrema importância para a boa gestão do empreendimento, pois seu resultado impacta diretamente no CMV.

Seu rendimento pode variar conforme a qualidade da manipulação e a possibilidade de o negócio aproveitar partes do peixe, como pele e aparas.

Recomendamos constante monitoramento da *supply chain* do salmão, avaliando sempre o fornecedor, o trabalho do manipulador e o custo final do quilo do pescado, comparando com custo planejado, real e projeções.

CASO 25 – DESCOBRINDO O RENDIMENTO E O CUSTO REAL DO SALMÃO

Estabelecimento

Rede de restaurantes de gastronomia japonesa com sistema de rodízio nas cidades de São Paulo e Rio de Janeiro.

Cenário encontrado

O salmão resfriado era a principal matéria-prima da rede, correspondendo a mais de 55% das compras.

Nas fichas técnicas de gestão, era considerado, para efeito de custo, apenas o preço pago pelo quilo do pescado, sem considerar seu rendimento.

Os CMV dos produtos que utilizavam o salmão estavam errados, o que impossibilitava o conhecimento real dos custos e, por consequência, saber qual deveria ser o preço a ser cobrado do produto final.

O salmão resfriado utilizado era o calibre 10/12.

Encaminhamento e soluções

A primeira ação para a solução do problema foi a implantação de um controle de produção. No formulário desse controle, o manipulador deveria informar a cada produção:

- Data: data da limpeza do salmão.
- Nome: responsável pela limpeza do peixe.
- Fornecedor: nome do fornecedor do salmão.
- Peso bruto: peso do peixe ou dos peixes que seriam limpos.
- Salmão limpo: peso do salmão em filés.
- Aparas: aparas de salmão que serão utilizadas em ceviche ou em produtos que utilizam o pescado triturado.
- Descarte:
    - Total de descarte = peso bruto (kg) — salmão limpo (kg) — aparas (kg).
    - Porcentagem (%) de descarte = total de descarte (kg) ÷ peso bruto do salmão (kg).
    - Obs.: no caso do salmão resfriado, não há degelo.

O formulário, apresentado a seguir, era enviado para o setor de compras, que lançava as informações na planilha para automaticamente calcular:

- Porcentagem (%) do salmão limpo: total de salmão limpo (kg)/peso bruto do salmão (kg).
- Porcentagem (%) rendimento das aparas: total de aparas (kg)/peso bruto do salmão (kg).
- Total de aproveitamento: % do salmão limpo + % do rendimento das aparas.

CONTROLE DE PRODUÇÃO DE PEIXES
SALMÃO 10/12 RESFRIADO E EVISCERADO

Data	Manipulador	Fornecedor	Peso bruto (kg)	Salmão limpo		Aparas		Total aprov.	Descarte	
				kg	%	kg	% rend.		Soma	%
31/07/2019	Marcos	Fornecedor A	241,34	150,00	62,15%	9,70	4,02%	66,17%	81,64	33,83%
01/08/2019	Marcos	Fornecedor A	300,25	184,00	61,28%	13,80	4,60%	65,88%	102,45	34,12%
02/08/2019	João	Fornecedor B	182,66	122,20	66,90%	7,50	4,11%	71,01%	52,96	28,99%
03/08/2019	José	Fornecedor B	182,22	123,00	67,50%	16,10	8,84%	76,34%	43,12	23,66%
04/08/2019	José	Fornecedor C	301,69	194,00	64,30%	18,60	6,17%	70,47%	89,09	29,53%
05/08/2019	João	Fornecedor B	308,26	204,30	66,28%	22,50	7,30%	73,57%	81,46	26,43%
06/08/2019	Marcos	Fornecedor A	61,50	31,70	51,54%	6,90	11,22%	62,76%	22,90	37,24%
09/08/2019	José	Fornecedor B	293,93	191,90	65,29%	14,70	5,00%	70,29%	87,33	29,71%
10/08/2019	José	Fornecedor C	284,39	193,10	67,90%	17,70	6,22%	74,12%	73,59	25,88%
11/08/2019	João	Fornecedor A	308,40	199,40	64,66%	19,10	6,19%	70,85%	89,90	29,15%
14/08/2019	José	Fornecedor A	90,42	59,20	65,47%	12,10	13,38%	78,85%	19,12	21,15%
15/08/2019	José	Fornecedor C	187,51	123,80	66,02%	12,80	6,83%	72,85%	50,91	27,15%
16/08/2019	Marcos	Fornecedor B	299,85	194,90	65,00%	14,60	4,87%	69,87%	90,35	30,13%
17/08/2019	João	Fornecedor C	240,86	163,50	67,88%	12,40	5,15%	73,03%	64,96	26,97%
Mínimo								62,76%		21,15%
Máximo								78,85%		37,24%
Média								71,15%		28,85%

O formulário apresenta algumas informações importantes:

- Rendimento total do salmão: no período apresentado, o rendimento variou de 62,76% para 78,85%, uma diferença significativa de 16,09%.
- Manipulador: percebemos que o manipulador Marcos foi quem gerou mais descarte na limpeza do peixe, o que fez com que ele recebesse imediatamente um treinamento para melhorar o processo de limpeza e gerar um rendimento maior.
- Meta de rendimento: foi estipulada meta de rendimento de 67%, que seria considerada nos custos dos produtos que utilizavam o salmão como matéria-prima.

Todas as fichas técnicas de gestão foram alteradas, considerando o rendimento do salmão em 67%, e não mais em 100%. Essa análise demonstrou como a rede estava perdendo dinheiro, acreditando que sua matéria-prima principal tinha um rendimento de 100%, pois não considerava a perda nos custos e, consequentemente, não computava nos preços de venda do produto final.

Os preços foram reajustados, alinhando o CMV de todos os produtos com a expectativa desejada do cliente.

Resultados

Após a implantação do controle de produção, da revisão do rendimento do salmão e da análise do CMV de cada produto, o preço de alguns itens do cardápio foi reajustado, o que elevou a lucratividade da rede em mais de R$ 68.000,00 por mês.

Peixe branco

Os peixes brancos, também conhecidos como peixes magros, normalmente têm baixo conteúdo calórico e de gordura e, por isso, são muito utilizados em dietas de perda de peso ou que visam à redução dos níveis de colesterol ou triglicérides. A carne do peixe branco é mais suave e tenra, além de ser mais fácil de ser manipulada e preparada na cozinha dos restaurantes.

Figura 6.28. Posta de peixe branco.

Em um cardápio que oferece pescados, é comum encontrar atum, salmão ou peixe branco. No entanto, ao contrário dos dois primeiros, não temos como saber, sem perguntar, qual peixe branco será servido. Por que os restaurantes colocam uma indicação genérica? Isso se deve à sazonalidade de oferta do produto e, ao indicar "peixe branco" no cardápio, o estabelecimento tem mais liberdade para comprar e utilizar a opção mais fresca, oferecendo sempre um produto de boa qualidade aos seus clientes.

Entre os peixes brancos, destacam-se merluza, bacalhau e cação.

A merluza é bastante utilizada em restaurantes, pode ser preparada assada, empanada, frita, grelhada, etc. O bacalhau é um peixe branco que pode ser encontrado salgado, fresco ou congelado. Bastante consumido na gastronomia ibérica, seu consumo e, por consequência, preço aumentam muito durante a Semana Santa. Pode ser preparado de diversas maneiras, porém, as mais conhecidas são bacalhau ao forno com batatas ou gratinado, além dos famosos bolinhos de bacalhau. O cação é um peixe branco sem espinhas, com um osso central e de carne bastante macia; é utilizado para fazer moquecas, caldeiradas, ensopados e ao molho, ou pode ser preparado assado ou empanado.

Há muitas outras opções de peixes brancos, como o panga (*Pangasius*), linguado ou polaca, que podem ser preparados fritos, assados, empanados, cozidos e ao molho, por exemplo. Outros, talvez menos conhecidos, mas também bastante explorados pelos *chefs*, são garoupa, pacamã, badejo, etc.

A tilápia é um dos peixes brancos mais vendidos no Brasil. Tem carne magra, sabor bem suave, sem odor e é capaz de render filés sem espinhas. O famoso Saint Peter é a tilápia de pele vermelha, cujo nome apenas ajuda na diferenciação da tilápia cinza. O Saint Peter normalmente é criado em cativeiro e alimentado com ração, resultando em uma produção controlada, o que agiliza sua "chegada" à mesa, com mais qualidade e frescor. Tanto a tilápia cinza quanto o Saint Peter são muito apreciados na preparação de sashimis. O Brasil está entre os dez maiores produtores mundiais de tilápia, e no setor de piscicultura nacional sua produção representa 90% de toda a produção do país (SPONCHIATO, 2020).

Figura 6.29. Filé de Saint Peter.

Prego, pescada, tilápia, carapau, robalo, olho-de-boi, Saint Peter, olhete, pargo, tainha, namorado, pintado, garoupa, dourado, serra, cavala, entre outros, são os peixes brancos mais encontrados nos restaurantes que servem comida japonesa.

Entre os peixes citados – e os que ainda não comentamos detalhadamente –, podemos destacar o prego, por ser também muito utilizado e ser uma das opções mais baratas. É bastante gorduroso, de cor branca e sabor acentuado.

O robalo também merece destaque. Há dois tipos: o robalo-flecha, pesando em torno de 25 kg e com mais de 1 m; e o robalo-peva, com cerca de 5 kg e aproximadamente 50 cm. O robalo-peva, que é menor do que o robalo-flecha, é o preferido dos restaurantes por sua carne ser menos fibrosa e mais macia.

Figura 6.30. Robalo.

O linguado é magro e tem sabor suave. Possui corpo achatado e oval, com dois olhos que ficam na parte superior do corpo, ou seja, no mesmo lado da cabeça. É uma opção bastante versátil na cozinha, podendo ser preparado assado, frito, cozido ou mesmo em ceviches e sashimis.

Figura 6.31. Linguado.

A pescada-branca é bastante conhecida dos brasileiros. Muito utilizada em preparações de filés fritos, ao molho, grelhados ou ceviche. A pescada-amarela é um peixe de carne branca, muito macia e saborosa, amplamente utilizado em moquecas, à milanesa e ao forno. Sua carne tem pouca espinha e rende filés altos, que também ficam deliciosos quando assados na grelha.

Figura 6.32. Pescada.

O namorado, com grande oferta no mercado, além de ser consumido em sushis e sashimis, também é utilizado em preparações de grelhados, como *teppan* (peixe grelhado ou frito, servido no prato de ferro). O olho-de-boi e o olhete são da mesma família e possuem carne macia e saborosa, podendo, assim, ser utilizados para fazer sashimis mais grossos.

Figura 6.33. Namorado.

Como podemos ver na figura 6.34, quase todos os peixes brancos são parecidos, possuem carne branca (ou um tom próximo), mais transparentes, podendo ser servidos em rodízios, *buffets* ou *à la carte*.

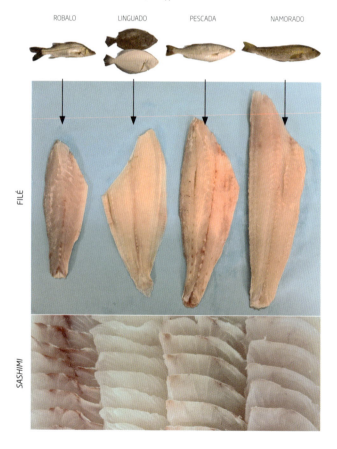

Figura 6.34. Fluxo da produção de sashimis.

Com tantas opções, como saber o que deve ser considerado na hora da compra? Podemos citar quatro fatores importantes: sazonalidade, variedade, classificação e rendimento de cada tipo de peixe.

- **Sazonalidade:** sabemos que determinados alimentos possuem época de cultivo, colheita ou reprodução, como é o caso dos peixes. Conhecer a sazonalidade de cada produto (nesse caso, dos pescados) é uma maneira de planejar as compras, visando tanto ao produto com melhor qualidade quanto aos preços mais interessantes (ALVES, 2018; FONSECA, 2014).

O quadro 6.4 mostra a sazonalidade anual de alguns peixes utilizados nos restaurantes.

Quadro 6.4. Sazonalidade dos peixes brancos.

Tipo de peixe	Jan.	Fev.	Mar.	Abr.	Maio	Jun.	Jul.	Ago.	Set.	Out.	Nov.	Dez.
Bacalhau seco	Fraco	Fraco	Forte	Fraco	Fraco	Fraco	Fraco	Fraco	Fraco	Fraco	Fraco	Médio
Badejo	Fraco	Fraco	Médio	Forte	Médio	Fraco	Fraco	Fraco	Fraco	Fraco	Fraco	Médio
Cação	Fraco	Fraco	Forte	Forte	Fraco	Médio	Médio	Médio	Fraco	Médio	Fraco	Fraco
Carapau	Forte	Forte	Forte	Médio	Fraco	Fraco	Médio	Médio	Médio	Fraco	Forte	Forte
Cavala	Fraco	Fraco	Forte	Médio	Fraco	Fraco	Médio	Médio	Médio	Médio	Fraco	Fraco
Corvina	Fraco	Fraco	Médio	Fraco	Fraco	Fraco	Médio	Médio	Médio	Forte	Fraco	Fraco
Dourado	Fraco	Médio	Médio	Forte	Fraco	Fraco	Fraco	Fraco	Médio	Forte	Forte	Fraco
Garoupa	Fraco	Fraco	Médio	Médio	Fraco	Fraco	Fraco	Médio	Forte	Forte	Fraco	Fraco
Linguado	Fraco	Fraco	Médio	Médio	Médio	Fraco	Fraco	Forte	Médio	Fraco	Fraco	Fraco
Merluza	Fraco	Fraco	Forte	Médio	Médio	Fraco	Fraco	Fraco	Forte	Forte	Fraco	Fraco
Namorado	Fraco	Fraco	Fraco	Médio	Fraco	Fraco	Fraco	Forte	Forte	Forte	Fraco	Fraco
Olhete	Fraco	Médio	Fraco	Fraco	Fraco	Fraco	Fraco	Fraco	Forte	Fraco	Fraco	Fraco
Olho-de-boi	Fraco	Fraco	Forte	Fraco	Médio	Fraco	Fraco	Fraco	Fraco	Fraco	Fraco	Fraco
Pargo	Fraco	Fraco	Forte	Médio	Fraco	Forte	Fraco	Fraco	Fraco	Médio	Fraco	Fraco
Pescada	Médio	Fraco	Fraco	Fraco	Fraco	Médio	Fraco	Fraco	Forte	Fraco	Fraco	Fraco
Pintado	Fraco	Fraco	Forte	Fraco	Fraco	Fraco	Médio	Médio	Fraco	Médio	Fraco	Fraco
Robalo	Fraco	Fraco	Forte	Fraco	Médio	Fraco	Fraco	Fraco	Fraco	Fraco	Fraco	Fraco
Serra	Fraco	Fraco	Fraco	Fraco	Fraco	Fraco	Forte	Forte	Forte	Forte	Fraco	Fraco
Tainha	Fraco	Fraco	Médio	Fraco	Forte	Fraco	Fraco	Fraco	Fraco	Fraco	Fraco	Fraco
Tilápia	Fraco	Fraco	Forte	Fraco	Fraco	Fraco	Médio	Médio	Fraco	Fraco	Fraco	Fraco

Legenda: Fraco / Médio / Forte

Fonte: adaptado de Ceagesp ([s. d.]).

O preço do peixe também pode variar, não apenas pela sazonalidade de oferta no mercado, mas também com a possível variação, por exemplo, do preço da carne bovina, o que levaria as pessoas a consumirem outras carnes (peixe ou frango).

- **Variedade:** da mesma maneira que o grupo de hortifrúti possui variedades, alguns tipos de peixes, incluindo os brancos, também podem ter diferenciações. Por exemplo:
  - a pescada conta com mais de trinta espécies, sendo a branca a mais conhecida. Há, ainda, a amarela, a cambucu e a maria mole;
  - o bacalhau também possui variedades; os mais consumidos (todos vendidos já salgados) são: *Gadus morhua* e *Gadus macrocephalus* (ambos vendidos, no Brasil, como bacalhau do Porto), *Saithe* (um dos mais populares, por ser mais barato), *Ling* e *Zarbo*. Ao escolher entre as variedades disponíveis no mercado, o responsável pela *supply chain* deve sempre analisar com muito cuidado a melhor em termos de qualidade e preço, com o objetivo de obter boa lucratividade para o negócio e um excelente produto final.
- **Classificação:** algumas espécies de peixes brancos podem ser classificadas por tipo ou lote de tamanho ou peso. Os peixes podem pesar de 600 g a mais de 1,5 kg, e o comprimento pode variar de 35 cm a 55 cm. Essas variações demonstram as possibilidades na oferta de produtos conforme a sazonalidade. O preço por quilo entre um pescado considerado grande e um pequeno pode variar até mais de 50%. Os pescados são como os itens de hortifrúti encontrados em sua época de colheita: os peixes são maiores em determinados períodos, mas há safras em que são vendidos ainda pequenos e sua oferta no mercado é menor, por isso, costumam ser mais caros.

A tabela 6.12 apresenta a cotação dos diferentes tamanhos da pescada maria mole realizada no site da Ceagesp em 11 de junho 2021.

Tabela 6.12. Cotação da pescada maria mole em 11 de junho de 2021.

Produto	Classificação	Unid./peso	Preço menor	Preço comum	Preço maior	Quilo
Pescada maria mole	G	kg	R$ 8,00	R$ 8,50	R$ 9,00	1
Pescada maria mole	M	kg	R$ 6,00	R$ 6,50	R$ 7,00	1
Pescada maria mole	P	kg	R$ 4,00	R$ 4,50	R$ 5,00	1

O preço comum da pescada maria mole, classificada como MÉDIA, é de R$ 6,50/kg; para a classificação GRANDE, é de R$ 8,50/kg (23% mais barato) e de R$ 4,50/kg para a pequena (47% mais barato). Isso comprova que os preços são definidos conforme a classificação.

Conhecer e classificar o produto e identificar sua necessidade nas preparações é importante para calcular o seu custo-benefício e, consequentemente, o aumento da lucratividade do negócio (ALVEZ, 2018).

- **Rendimento:** saber o rendimento de cada prato ou do produto fabricado, bem como as especificações de suas matérias-primas, é de extrema importância para o negócio, por isso, saber medi-lo é ter condições de avaliar os resultados, identificar os possíveis desvios e garantir a qualidade final e no custo esperado (ALVES, 2018).
  É preciso conhecer o rendimento das matérias-primas para elaborar as fichas técnicas, ajudar a determinar corretamente a quantidade que deve ser comprada e calcular o custo real do produto adquirido, sabendo seu rendimento e a perda ao ser limpo. Dessa maneira, a escolha do tipo do peixe não pode ser baseada apenas no preço.

A tabela 6.13 comprova que a variação de preço pode ser bastante grande entre as variedades de peixe, podendo chegar, em alguns casos, a ultrapassar mais de 200%.

Tabela 6.13. Cotação por tipo de peixe.

Tipo de peixe	Preço pago por kg[*]
Carapau	R$ 18,00
Tilápia	R$ 18,00
Corvina	R$ 20,00
Saint Peter	R$ 24,00
Pescada-branca	R$ 28,00
Pintado	R$ 28,00
Serra	R$ 28,00
Dourado	R$ 32,00
Pargo	R$ 34,00
Prego	R$ 39,00
Pescada-amarela	R$ 40,00
Namorado	R$ 42,00
Olhete	R$ 45,00
Olho-de-Boi	R$ 45,00
Robalo	R$ 45,00
Garoupa	R$ 46,00
Linguado	R$ 48,00
Robalo	R$ 65,00

* Preços cotados em 11 jun. 2021.

O olhete e o olho-de-boi têm o mesmo preço (R$ 45,00/kg), mas, se considerarmos que o rendimento do olhete é em torno de 51% e do olho-de-boi é de 63%, optaremos pela compra do olho-de-boi. Por isso, é importante sempre conhecer os rendimentos de suas matérias-primas.

CASO 26 – RENDIMENTO DE PEIXES BRANCOS

Estabelecimento
Rede de restaurantes japoneses com sistema de rodízio nas cidades de São Paulo e Rio de Janeiro.

Cenário encontrado
A rede dispunha, em suas unidades, de área para limpeza dos peixes e contava com um departamento de compras, que efetuava a cotação dos pescados a serem utilizados nas unidades, como salmão, atum e peixes brancos.

No caso do salmão e do atum, a rede já havia implantado a padronização dos produtos, o que obrigava o responsável pelas compras a negociar de acordo com a especificação da ficha técnica e facilitava a conferência dos produtos no momento da entrega. No caso dos peixes brancos, cotava os tipos aprovados pelo *chef* e escolhia, considerando os preços, mais de uma variedade, para diversificar as opções dos clientes.

Encaminhamento e soluções
Criou-se um formulário de controle de rendimento de pescados para ser preenchido durante o processo de limpeza dos peixes brancos. Era obrigatório anotar o dia da produção, o tipo de peixe a ser limpo, o peso bruto (peixe inteiro) e o peso após a limpeza. Também deveria ser anotado o peso do descarte, incluindo escamas, vísceras e tudo que seria jogado fora.

CONTROLE DE RENDIMENTO DE PEIXES

PEIXE BRANCO

Data	Tipo do peixe	Peso bruto (kg)	Peixe limpo		Descarte	
			kg	%	Soma	%
31/07/2020	Olhete	16,40	7,70	46,95%	8,70	53,05%
01/08/2020	Olhete	9,00	5,00	55,56%	4,00	44,44%
01/08/2020	Pescada	8,60	5,00	58,14%	3,60	41,86%
02/08/2020	Namorado	7,50	4,00	53,33%	3,50	46,67%
02/08/2020	Pescada	14,00	8,00	57,14%	6,00	42,86%
03/08/2020	Namorado	13,90	5,90	42,45%	8,00	57,55%
03/08/2020	Pescada	13,70	5,70	41,61%	8,00	58,39%
04/08/2020	Dourado	14,70	9,90	67,35%	4,80	32,65%
05/08/2020	Namorado	15,60	7,60	48,72%	8,00	51,28%
05/08/2020	Olho-de-boi	26,00	17,50	67,31%	8,50	32,69%
07/08/2020	Dourado	40,40	26,00	64,36%	14,40	35,64%

No exemplo do formulário acima, aparecem apenas alguns dias de acompanhamento da limpeza dos peixes brancos. Porém, após um período de avaliação de cerca de dois meses, os rendimentos dos principais peixes brancos utilizados foram conhecidos e considerados na decisão final da compra.

Tipo de peixe	% rend.	Preço pago por kg*	Custo real de produção
Dourado	66,62%	R$ 32,00	R$ 42,68 ❶
Pescada	46,95%	R$ 40,00	R$ 61,22 ❷
Namorado	48,17%	R$ 42,00	R$ 63,77 ❹
Olhete	51,10%	R$ 45,00	R$ 67,01 ❺
Olho-de-boi	63,86%	R$ 45,00	R$ 61,26 ❸

* Preços cotados em 11 jun. 2021.

Analisando os preços pagos em ordem crescente e os rendimentos de cada tipo de peixe, vemos que os custos reais de produção (preço pago e porcentagem de rendimento) mudam a posição dos pescados, ao se considerar o custo-benefício.

Caso se queira criar uma fórmula em planilha eletrônica para conhecer o custo real, entre algumas opções, é possível utilizar:

Custo real = preço pago por kg + [(100% – % rend.) × preço pago]

(Não se esqueça de substituir as expressões "preço pago por kg" e "% rend." pela coluna e linha da planilha que estejam com os dados.)

Se tomarmos como exemplo a comparação entre olhete e olho-de-boi, pagaríamos o preço de R$ 45,00/kg em ambos os casos. No entanto, se considerarmos que o rendimento do olhete é de 51,10% e do olho-de-boi é de 63,86%, teríamos como custo real de produção, respectivamente, R$ 67,01 e R$ 61,26. Portanto, a primeira opção de pescado ficaria 9% mais cara que a segunda.

Resultados

Analisar o rendimento dos diversos tipos de peixe branco utilizados trouxe dois grandes benefícios:

- As cotações se tornaram mais assertivas na escolha dos peixes a serem comprados, o que gerou uma economia mensal de mais de R$ 80.000,00.
- As fichas técnicas foram corrigidas com o rendimento médio mensal de produção de todos os tipos de peixes utilizados, o que deixou o cálculo dos custos dos produtos finais mais próximo da realidade.

FARINHA DE TRIGO

Há uma grande variedade de farinhas disponível no mercado, mas a farinha de trigo, a qual será mais bem detalhada neste tópico, é a mais conhecida. As variedades vão desde farinhas de cereais de diferentes grãos até farinhas de frutas. Cada uma tem propriedades específicas, o que as torna mais ou menos apropriadas para determinados preparos.

As farinhas são produzidas por processos de moagem, tornando-se um pó desidratado. Alguns exemplos de farinhas são:

- **Farinha de amêndoas:** muito utilizada em vários preparos na confeitaria, adiciona sabor e umidade em razão de seu grau de gordura. Pode ser inserida na receita do famoso *macaron* francês.
- **Farinha de milho:** dá um aspecto rústico aos pratos. É bastante presente na gastronomia dos continentes americano e africano. É usada para fazer, por exemplo, as *tortillas* mexicanas. No Brasil, é ingrediente de polentas, broas, cuscuz, pães e bolos.
- **Farinha de arroz:** bastante utilizada na gastronomia asiática. Boa opção para substituir a farinha de trigo em massas frescas, doces, bolos ou panquecas. Não contém glúten.
- **Farinha de aveia:** quando a aveia é transformada em farinha fina, ela pode ser usada em preparos de biscoitos e bolos, além de tortas e pães de forma.
- **Farinha de mandioca:** ótima para fazer pães, doces e o famoso pão de queijo de polvilho.
- **Farinha de banana-verde:** farinha extremamente saudável, utilizada no preparo de panquecas e bolos.
- **Farinha de quinoa e de chia:** os dois tipos de farinha são semelhantes, apesar de a farinha de chia ser um pouco mais grudenta. Ambas as farinhas saciam e são saudáveis, podendo ser utilizadas em panquecas, tortas, pizzas, bolos, pães, biscoitos e doces. A farinha de quinoa também pode ser usada para engrossar sopas e molhos, além de empanar carnes e legumes.
- **Farinha de centeio:** similar à farinha de trigo, é bastante utilizada na culinária do norte da Europa. Usada para fazer pães mais rústicos na panificação artesanal de fermentação natural.
- **Farinha de cevada:** também chamada de farinha de malte, é utilizada na culinária britânica na fabricação de pães doces e salgados.
- **Farinha de sorgo:** farinha versátil, pode ser utilizada no preparo de pães, panquecas, *waffles*, bolos e *muffins*.

- **Farinha de linhaça:** usada no preparo de pães integrais, pizzas, panquecas, *muffins*, etc.
- **Farinha de maca peruana:** produto de sucesso nas prateleiras de produtos naturais; em geral, é adicionada em bebidas, barrinhas, granolas, etc.
- **Farinha de grão-de-bico:** opção interessante para ser utilizada no preparo de bolinhos, biscoitos, panquecas, crepes e até macarrão.
- **Farinha de coco:** farinha doce feita com a polpa do fruto, útil na preparação de alguns bolos, biscoitos, panquecas, crepes, etc.
- **Farinha de uva:** farinha feita com as sementes e, algumas vezes, com a casca das uvas. Por manter o sabor e as características da fruta, utilizá-la pode ser um desafio para os amantes da gastronomia.

Existem vários outros tipos de farinhas, como a de espelta (conhecida como trigo-vermelho), sêmola e trigo-sarraceno. Contudo a farinha de trigo é ainda a mais utilizada no preparo de pães, bolos, massas e diversos outros alimentos.

Figura 6.35. Tipos de farinhas.

O trigo é, desde muito tempo, a base da alimentação de muitas civilizações. Os registros mais antigos da existência do trigo datam de 7600 a.C., e os romanos o chamavam *farrum*, o que deu origem à palavra farinha (SINDUSTRIGO, [s. d.]).

A princípio, o trigo era moído em pedras rústicas. Só mais tarde os romanos e gregos criaram moinhos mecânicos. Depois de diversos avanços tecnológicos e desenvolvimento das máquinas de moagem, a produção de farinha de trigo cresceu expressivamente para atender à demanda, principalmente, da culinária, em que está presente na maioria dos preparos clássicos da panificação e da confeitaria.

A massa fermentada, que conhecemos atualmente como pão branco, foi originada no Egito antigo, cerca de 4000 a.C. (SINDUSTRIGO, [s. d.]).

A farinha de trigo possui alto teor de glúten – um conjunto de proteínas presente em alguns grãos –, responsável por conferir elasticidade às massas e que deixa pães e bolos mais macios.

No entanto, para atender o público que tem intolerância ao glúten, são produzidos alimentos sem esse elemento (*gluten free*).

Segundo a Associação Brasileira da Indústria do Trigo (Abitrigo), além do tipo, as farinhas também podem variar de acordo com o grau de peneiração (refino) e do teor de glúten. Conhecer os tipos e escolher a farinha específica para cada preparação pode fazer grande diferença no produto final.

Para compreender melhor a origem dos diversos tipos de farinha de trigo, deve-se conhecer, ainda que basicamente, de seu processo de produção (figura 6.36).

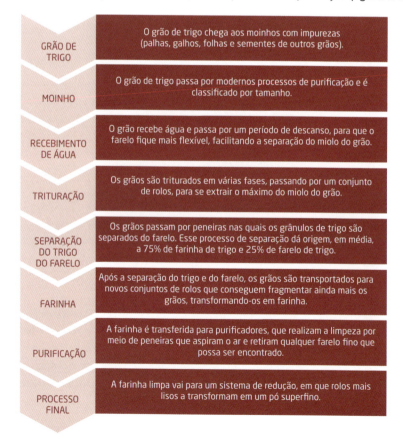

Figura 6.36. Processo de produção da farinha de trigo.
Fonte: adaptado de Abitrigo ([s. d.]).

Dependendo do processo de produção, podemos obter farinha refinada branca ou amarela, integral, farelo, fibra, gérmen, flocos de trigo, além, claro, do grão inteiro e do triguilho (utilizado em quibes e saladas). Reforçamos que conhecer as especificações de cada variedade faz enorme diferença no produto final.

A nomenclatura dos tipos de farinha pode variar de país para país. Nos Estados Unidos e no Reino Unido, a classificação da farinha de trigo é bastante meticulosa: não são classificadas por números, mas por nomes padronizados. Existem as indicadas para pães, pizzas, bolos e tortas.

Há também países como a Argentina e alguns países da América do Sul, cujas classificações dos tipos de farinha seguem uma sequência de zeros: a farinha do tipo 0000 é indicada para a confeitaria; a do tipo 000 é usada na panificação, em bolos e tortas; a 00 é utilizada na panificação; a farinha tipo 0, em pães artesanais e rústicos; e, por último, a do tipo ½0 é utilizada no preparo de massas e pães integrais.

Na Itália, Alemanha, França e Brasil, a farinha de trigo é classificada pelo teor de cinzas presentes. Cinzas são os sais minerais – como ferro, sódio, potássio, magnésio e fósforo – obtidos pela queima da farinha refinada, um aquecimento a altas temperaturas. Quando a farinha é menos refinada, haverá mais cascas do grão do trigo e, após o aquecimento, terá mais cinzas. Já na farinha mais refinada, a quantidade de cascas é menor, ou seja, haverá menos cinzas.

No mercado nacional, a farinha de trigo possui apenas três tipos de classificação: tipo 1 (incluindo a variação com fermento), tipo 2 e integral. Mas podemos inserir nessa relação a semolina (farinha de sêmola), também bastante utilizada em vários preparos.

- **Farinha tipo 1:** também chamada de farinha tradicional, com derivações de *premium*, especial e com fermento, é a farinha mais comum, encontrada nos supermercados e bastante versátil, pois pode ser utilizada em diversos preparos. Sua moagem é feita mesclando grãos fracos e fortes de glúten, ou seja, com pouco e muito glúten. Pode ser branqueada química ou naturalmente, denominando-se, no caso do branqueamento natural, de farinha orgânica. É indicada no preparo de bolos, pães e confeitaria em geral, além de massas (pizza, pastel, macarrão, etc.).

- **Farinha tipo 1 com fermento:** é a mesma farinha do tipo 1, porém ela já chega ao consumidor acrescida de fermento químico em pó e bicarbonato de sódio. A quantidade de fermento pode variar, o que altera o resultado do produto final. Também é fácil de ser encontrada em supermercados.
- **Farinha tipo 2:** tem qualidade um pouco inferior à do tipo 1, pois é retirada da parte mais externa do grão do trigo, ou seja, a parte mais próxima da casca. É mais escura e amarelada, com grãos mais grossos, que acabam absorvendo menos água nos preparos. Dificilmente encontrada em supermercados. Pode ser utilizada com bastante sucesso em biscoitos, pão de ló e *cookies*.
- **Farinha integral:** o grão de trigo é moído inteiro, ou seja, o processo de produção não separa miolo, farelo e gérmen (embrião do grão de trigo, sua parte mais nobre). A farinha integral pode ser de moagem grossa ou fina, ideal para o preparo de pães integrais e bolos de frutas.
- **Semolina ou farinha de sêmola:** tipo de farinha bem grossa, feita com uma espécie mais firme do grão de trigo. Ela pode fazer parte de vários preparos, em receitas doces ou salgadas, bem como nos macarrões tradicionais italianos.

As farinhas italianas fazem grande sucesso no Brasil por possuírem alto teor de glúten e, assim, ajudarem na construção do volume e textura das massas, tornando as massas de pizza e de macarrão mais elásticas e leves. São classificadas de acordo com o teor de glúten e de cinzas e com o grau de moagem. Seguem a numeração 00, 0, 1 e 2. Os tipos de farinhas italianas mais comumente encontradas no mercado brasileiro são:

- **Farinha branca tipo 00:** extremamente refinada, produzida a partir do grão mais fraco. Tem menor teor de glúten, deixando a massa mais leve e aerada. Bastante utilizada em produtos que demandam fermentação longa, confere mais aroma e sabor, além de ser de mais fácil digestão.
- **Farinha branca tipo 0:** possui teor um pouco maior de glúten que o tipo 00. Também tem mais ferro, que fornece textura e volume às massas. Utilizada no preparo de pizzas, macarrões e pães.

Além das farinhas citadas anteriormente, alguns produtores (moinhos) conseguem produzir *blends* de acordo com a necessidade do mercado, garantindo melhor qualidade no preparo dos produtos finais, como é o caso das farinhas específicas para pizzas de longa fermentação, pães doces, pães franceses, baguetes e *croissants*.

Em relação aos preços, seja a farinha nacional ou importada, é preciso entender que o trigo é uma das mais tradicionais *commodities*, ou seja, seus preços são negociados no mercado internacional e variam conforme a demanda e a oferta de produtores e compradores, dependendo do clima, do ciclo de plantio e da colheita. Se a produção de trigo for menor do que o mercado espera ou, ainda, se a procura pelo produto for maior do que a expectativa, pode ocorrer falta de trigo no mercado, o que aumentará seu preço e, consequentemente, o da farinha de trigo também.

No caso das farinhas importadas, temos de considerar também a variação do dólar, que pode tornar a farinha mais barata ou cara em pouco tempo, fazendo com que o negócio de alimentação que utiliza essa matéria-prima também varie o preço de seus produtos finais, uma maneira de absorver os possíveis aumentos de preços sem prejudicar sua lucratividade.

A figura 6.37 apresenta a evolução de preços da farinha de trigo especial, divulgada pelo Instituto de Economia Agrícola (IEA), entre janeiro de 2020 e maio de 2021.

Figura 6.37. Evolução do preço da farinha de trigo especial.
Fonte: adaptado de IEA ([s. d.]).

O preço do saco de 50 kg de farinha de trigo especial, em janeiro de 2020, custava R$ 104,97; após dezessete meses, no fim de maio de 2021, o preço já estava em R$ 140,16, um aumento de mais de 33%, valor bem acima de vários índices que medem a inflação.

Outro ponto importante que devemos considerar é a variação de preço no mercado internacional.

Tabela 6.14. Preços dos tipos de farinha de trigo.

Especificação	Preço por kg*
Farinha branca tipo 00	R$ 18,30
Farinha branca tipo 0	R$ 14,25
Farinha tipo 1	R$ 4,59
Farinha tipo 1 orgânica	R$ 9,90
Farinha tipo 1 com fermento	R$ 4,89
Farinha tipo 2	R$ 3,09
Farinha integral	R$ 5,09
Semolina ou farinha de sêmola	R$ 19,99

* Preço cotado com distribuidor em 2 jun. 2021.

Como podemos observar na tabela 6.14, a farinha tipo 1 nacional, indicada para preparo de bolos, pães, pizzas, entre outros, custa muito menos que a farinha italiana tipo 00, usada no preparo dos mesmos produtos. Essa diferença pode ultrapassar mais de 300%, o que exige que o responsável pelas compras conheça muito bem a especificação correta da farinha de trigo para escolher a melhor opção para o negócio.

Claro que uma massa pode ficar mais leve ou macia dependendo do tipo da farinha definida para sua produção, porém é importante considerar também outros fatores que influenciam a qualidade do produto final, como ambiente, temperatura do forno, tipo de fermentação e manuseio da massa.

CASO 27 – SUBSTITUIÇÃO DO TIPO DA FARINHA

Estabelecimento
Rede de pizzarias localizadas no interior do estado de São Paulo.

Cenário encontrado
A especialidade da rede é a pizza napolitana (massa bastante fina no centro e com bordas altas). Para obter o resultado desejado, o *chef* pizzaiolo exigia que a farinha de trigo comprada tivesse médio-alto teor de glúten, para que a massa ficasse mais flexível, aerada e, principalmente, mais saborosa, decorrente do maior tempo de maturação.

Para atender à exigência do *chef*, a farinha utilizada era tipo 00, uma farinha italiana própria para pizzas napolitanas.

O problema era que, com a alta do dólar, o custo de produção das pizzas aumentou muito, e elevar o preço cobrado dos consumidores era inviável, pois poderiam perder muitos clientes.

Encaminhamento e soluções
Analisando as fichas técnicas de todas as pizzas, notamos quanto a farinha de trigo impactava o custo final do produto.

FICHA TÉCNICA DE PLANEJAMENTO	FTP Nº 00001 REVISÃO: 00/2021						
Nome do produto	MASSA PARA PIZZA NAPOLITANA						
Grupo	MASSAS						
Unidade de medida	BOLA COM 350 GRAMAS						
Rendimento	25						
Matéria-prima	Quant. líquida	Unid.	Valor unit.	Rend. %	Quant. bruta	Valor total	% de particip.
Farinha de trigo italiana tipo 00	5.000,00	g	R$ 18,30	100,00%	5.000,00	R$ 91,50	84,87%
Água	3.100,00	g	R$ 0,00	100,00%	3.100,00	R$ 0,00	0,00%
Fermento biológico seco 500 g	5,00	g	R$ 31,30	100,00%	5,00	R$ 0,16	0,15%
Azeite extra virgem galão de 3 lt	500,00	g	R$ 31,85	100,00%	500,00	R$ 15,93	14,77%
Sal 1 kg	100,00	g	R$ 2,31	100,00%	100,00	R$ 0,23	0,21%
Valor total da preparação	R$ 107,81						
Valor da porção	R$ 4,34						
DESENVOLVIDO POR:	APROVADO POR:				DATA:		

O custo de cada bolinha de massa, com cerca de 350 g, era de R$ 4,34, com a farinha de trigo italiana tipo 00.

Foi apresentada ao *chef* uma opção de farinha nacional tipo 1, feita com um *blend* específico para pizza de longa fermentação.

Resultados

Após alguns ajustes na receita, para que a massa continuasse leve e saborosa, não afetasse a qualidade do produto final e, consequentemente, o cliente não notasse a substituição, a nova ficha técnica ficou:

FICHA TÉCNICA DE PLANEJAMENTO				FTP Nº 00001 REVISÃO: 00/2021				
Nome do produto	MASSA PARA PIZZA NAPOLITANA							
Grupo	MASSAS							
Unidade de medida	BOLA COM 350 GRAMAS							
Rendimento	25							
Matéria-prima	Quant. líquida	Unid.	Valor unit.	Rend. %	Quant. bruta	Valor total	% de particip.	
Farinha de trigo pizza longa fermentação tipo 1	5.000,00	g	R$ 3,67	100,00%	5.000,00	R$ 18,35	17,02%	
Água	2.500,00	g	R$ 0,00	100,00%	3.100,00	R$ 0,00	0,00%	
Fermento biológico seco 500 g	30,00	g	R$ 31,30	100,00%	5,00	R$ 0,16	0,15%	
Azeite extra virgem galão de 3 lt	500,00	g	R$ 31,85	100,00%	500,00	R$ 15,93	14,77%	
Sal 1 kg	100,00	g	R$ 2,31	100,00%	100,00	R$ 0,23	0,21%	
Valor total da preparação	R$ 34,66							
Valor da porção	R$ 1,39							
DESENVOLVIDO POR:	APROVADO POR:				DATA:			

O custo de cada bolinha de massa com 350 g, que era de R$ 4,34, passou para R$ 1,39. Redução significativa que fez a rede economizar mensalmente mais de R$ 35.000,00.

Importante ressaltar que a qualidade da pizza não foi prejudicada com a mudança da farinha, e que o cliente continuou satisfeito com o produto.

FICHAS TÉCNICAS OPERACIONAIS

Braga (2017) afirma que a primeira preocupação de um empreendedor de um negócio de alimentos e bebidas (A&B) deve ser a de garantir a qualidade dos seus produtos, não só em relação à segurança alimentar, mas também do ponto de vista da confiabilidade do processo, definida pelo padrão previsto na especificação do produto. Uma das ferramentas mais utilizadas para esse controle é a ficha técnica.

Os dois tipos de fichas técnicas (FT) utilizadas são a ficha técnica de planejamento (FTP), também conhecida como ficha técnica de gestão (FTG), que identifica todos os custos das matérias-primas usadas na elaboração de um produto, e a ficha técnica operacional (FTO), que identifica as etapas da produção e exibe uma foto do produto pronto ou do prato montado (NISHIO; ALVES, 2019).

A FTO é utilizada no dia a dia da cozinha ou da indústria, e nela devem constar todas as etapas de produção e descrição das matérias-primas utilizadas na elaboração do produto (quantidades, modo e tempo de preparo, validade do produto, condições de armazenamento, etc.).

Dessa maneira, é mais fácil manter a padronização dos produtos e ter controle do custo, ajudando a se chegar a uma explosão de receitas (NISHIO; ALVES, 2019). Podemos acrescentar que as FTO são essenciais também para o treinamento dos processos de produção.

Infelizmente, a realidade tem mostrado que muitos negócios iniciam ou mantêm a operação sem as FTO, pois desconhecem as especificações de seus ingredientes, rendimentos e quantidades utilizadas na preparação de seus produtos. Como consequência, geram sérios problemas de abastecimento e gastos desnecessários em compras malfeitas, pagando preços que não se encaixam na realidade dos negócios.

A falta de informações corretas nas FTO impacta os três tipos de custo da mercadoria vendida (CMV) praticados no mercado gastronômico:

- **CMV esperado teórico:** gerado pela FTP individual de cada produto comercializado.
- **CMV de consumo real:** tudo que foi consumido, obtido após o inventário do final do mês.

$$CMV \text{ de consumo} = \frac{EI \text{ (estoque inicial)} + \text{compras} - EF \text{ (estoque final)}}{\text{Faturamento do mês}}$$

- **CMV teórico do *mix* de vendas:** a relação da soma de custos de cada produto vendido multiplicada pela quantidade vendida, dividida pelo faturamento total desses produtos. Também conhecido como CMV médio.

$$CMV \text{ do } mix \text{ de vendas} = \frac{(\text{custo teórico de cada produto} \times \text{qtde. vendida})}{\text{Faturamento do mês}}$$

Conhecendo os CMV, os empreendedores podem se deparar com os seguintes cenários no final do mês:

- CMV esperado teórico e real divergentes.
- CMV esperado teórico e CMV do *mix* de vendas divergentes.
- Incerteza dos custos das FTs, gerando dúvidas de resultados financeiros.
- Redução gradativa da margem de contribuição, desconhecendo os reais motivos da queda de lucratividade.
- Incerteza e insegurança para expansão dos negócios.

COMO MONTAR A FICHA TÉCNICA OPERACIONAL

O responsável pela ficha técnica operacional deve seguir o procedimento de produção, tanto em relação às quantidades quanto à qualidade das matérias-primas utilizadas. Outro fator importante é que o mesmo colaborador colete todas as informações de preparação dos produtos, para que elas sejam as mais fiéis à rotina do dia a dia, evitando, assim, criar dados irreais, por exemplo, nos rendimentos dos insumos.

Durante as etapas do processo, para que sejam realizadas as possíveis correções, são essenciais o olhar crítico e a análise da especificação e do rendimento da matéria-prima, além do rendimento do produto final. Os desvios vão impactar no rendimento apurado da ficha técnica, seja ela de gestão, seja de operação.

São necessários dois modelos de FTO que, em conjunto, fornecerão informações de quantidade e custo *per capita* ou por porção.

- **Ficha técnica de cardápio:** ficha técnica do produto final. Para montá-la, pode ser necessário elaborar a ficha técnica de produção.
- **Ficha técnica de produção:** deve ser utilizada na produção de produtos que requerem pré-preparo, em quantidade maior que uma porção. A quantidade de uma porção desta ficha será compartilhada com outros pratos. O objetivo desse controle é calcular o rendimento e a quantidade *per capita* a partir de uma produção normal de uma porção ou de uma quantidade maior. Essas informações serão utilizadas para a ficha técnica do prato e para o cálculo de custo na ficha de planejamento.

Para preparar uma FTO, a unidade de medida dos produtos deve ser em quilo ou litro. Medidas como xícara e colher, ou ainda unidades como pé de alface, cabeça de alho e maço de salsa, por exemplo, não podem ser utilizadas.

A figura 7.1 mostra como definir o rendimento de um produto utilizando o arroz-agulha como exemplo.

Figura 7.1. Rendimento do arroz.

A partir do passo a passo mostrado na figura 7.1, para ter um prato com 110 g de arroz cozido, o peso bruto de arroz cru a ser considerado na ficha técnica será de 39 g.

Vamos utilizar um exemplo de prato final para detalhar o processo de montar uma FTO, mostrando o resumo da preparação (quadro 7.1) e as respectivas FT de produção de cada prato (figuras 7.2 a 7.6).

A figura 7.6 é a FTO de uma porção composta por todos os componentes do prato e suas gramagens, com quantidades "explodidas" para a produção de 45 pratos. Essa quantidade deve ser sempre atualizada. A FTO é uma grande aliada na busca pela padronização dos produtos, pois define os padrões e as quantidades de matérias-primas a serem utilizadas durante a operação.

Quadro 7.1. Resumo da preparação de arroz integral com filé de tilápia grelhado ao molho de maracujá e mel com banana-da-terra grelhada.

Pratos	FT Produção 1	FT Produção 2	FT Produção 3	FT Produção 4	FT do prato
Arroz integral com filé de tilápia grelhado ao molho de maracujá e mel com banana-da--terra grelhada.	Pesar o arroz cru. Prepará-lo e pesar o arroz cozido. Calcular o rendimento. Pesar a quantidade de arroz cozido por pessoa e calcular o peso de arroz cru por pessoa, utilizando o índice de rendimento. Incluir na receita todos os temperos, inclusive a quantidade de água fria.	Pesar os filés e ajustar a gramagem prevista. Medir o desperdício para obter o peso líquido e as perdas, que vão compor o custo do filé.	Pesar a banana-da-terra com casca. Pesar a casca. Fatiar e pesar a quantidade de uma porção de banana e a perda da casca para calcular o custo.	Utilizar apenas os maracujás com casca murcha, pois os com casca lisa dão baixo rendimento. Pesar a casca e a polpa separadamente, calcular o rendimento da fruta e preparar o molho. Calcular o rendimento do molho de maracujá com mel e óleo de coco (sugestão).	Inserir a quantidade de uma porção de: peso líquido, % de rendimento, peso bruto, quantidade *per capita*, quantidade líquida explosão e quantidade bruta explosão.*

*"Quantidade explosão" é a quantidade maior que se pretende produzir. Neste exemplo, a quantidade é para 45 pratos.

FICHA TÉCNICA OPERACIONAL DE PRODUÇÃO				FTP Nº 00001		REVISÃO: 00/2021		
Nome do produto	ARROZ INTEGRAL COZIDO							
Grupo	ARROZ							
Unidade de medida	KG – QUILO				Peso da porção			0,115
Rendimento	**30**				Qtde. p/ explosão da receita			45
Matéria-prima	Qtde. líquida	Unid.	Rend. %	Qtde. bruta	Qtde. líquida *per capita*	Qtde. bruta *per capita*	Qtde. líquida explosão	Qtde. bruta explosão
ARROZ INTEGRAL	3,450	kg	230,00%	1,500	0,115	0,050	5,175	2,250
ÓLEO DE GIRASSOL	0,150	L	100,00%	0,150	0,005	0,005	0,225	0,225
SAL ROSA DO HIMALAIA	0,060	kg	100,00%	0,060	0,002	0,002	0,090	0,090
ÁGUA TORNEIRA	15,750	kg	100,00%	15,750	0,525	0,525	23,625	23,625
Armazenamento	Manter sobre o fogão em banho-maria após pronto, para não ressecar.							
Validade	Válido para uso no período. Armazenar na geladeira o arroz que não será utilizado. Manter coberto e com etiqueta de validade.							

MODO DE PREPARO	
1) Pesar o arroz cru, lavar e reservar.	
2) Pesar a quantidade de água e levar para ferver. Não colocar água "a olho".	
3) Colocar óleo na panela com capacidade de 5 L no mínimo.	
4) Depois de pronto, descansar por pelo menos 10 min, com a tampa semiaberta.	
5) Pesar o arroz cozido, conferir o rendimento esperado.	
6) A quantidade de arroz cozido por prato é de 115 g.	
Glúten	PODE CONTER TRAÇOS DE GLÚTEN.
Lactose	PODE CONTER TRAÇOS DE LACTOSE.
Alergênicos	

DESENVOLVIDO POR	APROVADO POR	DATA

Figura 7.2. Modelo de ficha técnica operacional (FTO) de produção do arroz integral cozido.

FICHA TÉCNICA OPERACIONAL DE PRODUÇÃO					FTP Nº 00002		REVISÃO: 00/2021	
Nome do produto	FILÉ DE TILÁPIA CRU, LIMPO E TEMPERADO							
Grupo	PESCADOS							
Unidade de medida	KG – QUILO							Peso da porção: 0,15
Rendimento	10							45
Matéria-prima	Qtde. líquida	Unid.	Rend. %	Qtde. bruta	Qtde. líquida *per capita*	Qtde. bruta *per capita*	Qtde. líquida explosão	Qtde. bruta explosão
					Qtde. p/ explosão da receita			
FILÉ DE TILÁPIA	1,500	kg	91,00%	1,650	0,150	0,165	6,750	7,425
SAL ROSA DO HIMALAIA MOÍDO MÉDIO	0,020	kg	100,00%	0,020	0,002	0,002	0,090	0,090
PIMENTA-DO-REINO PRETA MOÍDA	0,001	kg	100,00%	0,001	0,000	0,000	0,005	0,005
GENGIBRE EM PÓ	0,001	kg	100,00%	0,001	0,000	0,000	0,005	0,005
LIMÃO TAITI	0,100	kg	50,00%	0,200	0,010	0,020	0,450	0,900
ÓLEO DE GIRASSOL	0,100	kg	100,00%	0,100	0,010	0,010	0,450	0,450
Armazenamento	Manter os filés crus na geladeira. Tirar apenas na hora de grelhar. Os filés grelhados devem ser servidos na hora.							
Validade	Filés grelhados válidos apenas para o prato solicitado. Filés crus devem ser mantidos na geladeira por, no máximo, 2 dias, de acordo com a norma interna. Etiquetar.							

MODO DE PREPARO

1) Pesar os filés de tilápia bruto sem cortar as aparas.

2) Cortar as aparas com cuidado e fazer filés de 150 g.

3) Temperar com limão, pimenta-do-reino, sal e gengibre em pó.

4) Colocar um pouco de óleo sobre a chapa, espalhar e colocar os filés. Virar apenas uma vez.

Alergênicos

Glúten	PODE CONTER TRAÇOS DE GLÚTEN.
Lactose	PODE CONTER TRAÇOS DE LACTOSE.

DESENVOLVIDO POR	APROVADO POR	DATA

Figura 7.3. Modelo de ficha técnica operacional (FTO) de produção do filé de tilápia.

FICHA TÉCNICA OPERACIONAL DE PRODUÇÃO				FTP Nº 00003		REVISÃO: 00/2021		
Nome do produto	BANANA-DA-TERRA FATIADA CHANFRADA GRELHADA							
Grupo	ACOMPANHAMENTO							
Unidade de medida	KG – QUILO				Peso da porção			0,05
Rendimento	2				Qtde. p/ explosão da receita			45
Matéria-prima	Qtde. líquida	Unid.	Rend. %	Qtde. bruta	Qtde. líquida per capita	Qtde. bruta per capita	Qtde. líquida explosão	Qtde. bruta explosão
BANANA-DA-TERRA COM CASCA	0,1000	kg	71,00%	0,1400	0,050	0,070	2,250	3,150
ÓLEO DE GIRASSOL	0,0150	kg	100,00%	0,0150	0,008	0,008	0,338	0,338
Armazenamento	Manter sem casca e fatiada na geladeira. Colocar etiqueta de validade.							
Validade	Válido para uso no período. Descascar somente o necessário.							

MODO DE PREPARO
1) Selecionar as bananas maduras.
2) Após higienizadas, descascar e cortar chanfradas, obtendo fatias transversais.
3. Colocar um pouco de óleo na chapa ou frigideira e grelhar rapidamente.
4. Cada banana, sem casca, com peso aproximado de 100 g, deve servir 2 pratos.

Glúten	PODE CONTER TRAÇOS DE GLÚTEN.
Lactose	PODE CONTER TRAÇOS DE LACTOSE.
Alergênicos	
DESENVOLVIDO POR	APROVADO POR	DATA

Figura 7.4. Modelo de ficha técnica operacional (FTO) de produção da banana-da-terra chanfrada grelhada.

FICHA TÉCNICA OPERACIONAL DE PRODUÇÃO				FTP Nº 00004		REVISÃO: 00/2021		
Nome do produto	MOLHO DE MARACUJÁ E MEL							
Grupo	ACOMPANHAMENTO							
Unidade de medida	KG – QUILO				Peso da porção			0,042
Rendimento	6				Qtde. p/ explosão da receita			45
Matéria-prima	Qtde. líquida	Unid.	Rend. %	Qtde. bruta	Qtde. líquida *per capita*	Qtde. bruta *per capita*	Qtde. líquida explosão	Qtde. bruta explosão
MARACUJÁ AZEDO 1A MURCHO	0,2500	kg	40,00%	0,6250	0,042	0,104	1,875	4,688
MEL	0,0180	kg	100,00%	0,0180	0,003	0,003	0,135	0,135
ÓLEO DE COCO	0,0180	kg	100,00%	0,0180	0,003	0,003	0,135	0,135
Armazenamento	Manter a parte do dia sobre fogão, e a parte não usada em refrigeração.							
Validade	A porção para uso do dia, 24 horas; a parte não utilizada, 3 dias mantida em refrigeração.							

MODO DE PREPARO
1) Selecionar os maracujás murchos.
2) Retirar a polpa com a semente e misturar mel e óleo de coco.
ATENÇÃO: se os frutos não estiverem murchos, os rendimentos serão menores, portanto, comprar murchos ou deixar murchar.

Glúten	PODE CONTER TRAÇOS DE GLÚTEN.	
Lactose	PODE CONTER TRAÇOS DE LACTOSE.	
Alergênicos		
DESENVOLVIDO POR	APROVADO POR	DATA

Figura 7.5. Modelo de ficha técnica operacional (FTO) de produção de molho de maracujá, mel e óleo de coco.

FICHA TÉCNICA OPERACIONAL DE PRODUÇÃO				FTP Nº 00005		REVISÃO: 00/2021		
Nome do produto	ARROZ INTEGRAL, TILÁPIA, MOLHO DE MARACUJÁ, BANANA-DA-TERRA CHANFRADA							
Grupo	PRATO EXECUTIVO							
Unidade de medida	UNID. – UNIDADE				Peso da porção			
Rendimento	1				Qtde. p/ explosão da receita			45
Matéria-prima	Qtde. líquida	Unid.	Rend. %	Qtde. bruta	Qtde. líquida *per capita*	Qtde. bruta *per capita*	Qtde. líquida explosão	Qtde. bruta explosão
ARROZ INTEGRAL COZIDO – FTO	0,1150	kg	100,00%	0,1150	0,115	0,115	5,175	5,175
FILÉ DE TILÁPIA – FTO	0,1500	kg	100,00%	0,1500	0,150	0,150	6,750	6,750
BANANA-DA-TERRA GRELHADA – FTO	0,0500	kg	100,00%	0,0500	0,050	0,050	2,250	2,250
MOLHO DE MARACUJÁ – FTO	0,0420	kg	100,00%	0,0420	0,042	0,042	1,890	1,890
Armazenamento	Servir o prato montado quente ao cliente. Manter sobre o fogão em banho-maria após pronto, para não ressecar.							
Validade	Válido apenas para o prato montado. Válido para uso no período . A parte que não for utilizar, armazenar na geladeira.							

MODO DE PREPARO
1) Colocar 115 g, 4 colheres de sopa cheia de arroz cozido no prato.
2) Acrescentar o filé de tilápia grelhada no centro do prato.
3) Acrescentar as fatias de bananas grelhadas sobrepostas delicadamente.
4) Acrescentar o molho de maracujá quente sobre a tilápia e no prato.

Glúten	PODE CONTER TRAÇOS DE GLÚTEN.
Lactose	PODE CONTER TRAÇOS DE LACTOSE.
Alergênicos	

DESENVOLVIDO POR	APROVADO POR		DATA

Figura 7.6. Modelo de ficha técnica operacional (FTO) de produção do prato arroz integral com filé de tilápia grelhado ao molho de maracujá e mel com banana-da-terra grelhada.

PRODUTOS COMPARTILHADOS

Quando se fala em compartilhar produtos nos negócios de A&B, está se referindo a produtos que podem ser otimizados com outros pratos, ou seja, matérias-primas que podem ser utilizadas em diversas preparações.

O compartilhamento de produtos aumenta a frequência de utilização e reduz os itens comprados, de armazenamento, além de melhorar consideravelmente a produtividade da operação.

Cardápios muito extensos dificultam a escolha do cliente, fazendo-os perder tempo e deixando-os confusos para decidir o que pedir. Além disso, nem sempre os garçons conseguem esclarecer as dúvidas do cliente, pois a lista de pratos é tão grande que os atendentes não se lembram das especificações de cada um.

No processo de gestão, é necessário ter controle de compra, recebimento e armazenamento, para evitar desperdícios e perdas de tempo na preparação. O compartilhamento de produtos ajuda nesse processo.

As fichas técnicas de produção dos produtos que serão compartilhados também devem ser feitas e disponibilizadas para todos os envolvidos no processo, pois facilita a produção e o controle de custo.

Vamos utilizar o molho de tomate ao sugo, utilizado no prato principal "penne ao molho de tomate ao sugo", para exemplificar como criar as fichas técnicas de produção de um produto compartilhado.

Para a confecção da ficha técnica de produção do prato principal, é necessário, primeiro, que seja elaborada a ficha do molho de tomate ao sugo, que será preparado antecipadamente e em quantidade maior do que uma porção.

Foram utilizados 20 kg de tomate italiano 1A (pequenos, com 100 g cada, em média) e obtidos um total de 12 kg de molho ao sugo, com peso de 150 g por porção. O rendimento total da receita de molho de tomate ao sugo é de 80 porções (figura 7.7).

A outra ficha técnica de produção desse prato é a do penne (figura 7.8). Foram colocados para cozimento dois pacotes de 500 g, rendendo dez porções de 250 g de penne cozido.

Fichas técnicas operacionais | **197**

A última ficha técnica de produção é a do prato final, o penne ao sugo com sachê de queijo parmesão, que vai agrupar as informações das fichas técnicas de produção de cada item (figura 7.9).

Em seguida, apresentamos mais um exemplo de produto compartilhado, um "cheeseburguer duplo com maionese de alho", em que o hambúrguer de 90 g é industrializado. A ficha técnica de produção da maionese (figura 7.10) é feita com base em uma quantidade maior do que uma porção, pois poderá ser compartilhada com outros lanches.

A partir de 1,5 L de gema de ovo pasteurizada, o rendimento é de 9,75 kg de maionese pronta, ou 65 porções de 150 g cada.

A ficha técnica de produção do lanche pronto (figura 7.11) deve incluir todos os produtos utilizados, tanto a maionese de alho, que será compartilhada, quanto o hambúrguer industrializado.

Por fim, o quadro 7.2 apresenta exemplos de produtos que, provavelmente, têm fichas técnicas de produção compartilhadas.

FICHA TÉCNICA OPERACIONAL DE PRODUÇÃO					FTP Nº 00006		REVISÃO: 00/2021		
Nome do produto	MOLHO DE TOMATE AO SUGO								
Grupo	MOLHOS								
Unidade de medida	KG – QUILO						Peso da porção		0,150
Rendimento	**80**						Qtde. p/ explosão da receita		45
Matéria-prima	Qtde. líquida	Unid.	Rend. %	Qtde. bruta	Qtde. líquida *per capita*	Qtde. bruta *per capita*	Qtde. líquida explosão	Qtde. bruta explosão	
TOMATE ANDREA MADURO 1A	12,0000	kg	60,00%	20,0000	0,150	0,250	6,750	11,250	
ÓLEO DE GIRASSOL	0,0500	kg	100,00%	0,0500	0,001	0,001	0,028	0,028	
CEBOLA PELADA MÉDIA	0,7500	kg	93,75%	0,8000	0,009	0,010	0,422	0,450	
Armazenamento	Encher o molho pronto em duas partes, mantendo uma parte em banho-maria para uso. Levar a outra à geladeira. Etiquetar.								
Validade	Manter na geladeira na validade recomendada pelo departamento de qualidade.								

MODO DE PREPARO

1) Selecionar os tomates maduros. Higienizar e levar para cozinhar por 1 hora aproximadamente.

2) Após retirar os tomates cozidos da panela, separar a pele e a semente.

3) Bater a polpa dos tomates no liquidificador.

4) Coloque óleo na panela, cebola picada e doure por alguns minutos.

5) Acrescentar a polpa batida e deixar cozinhar por mais alguns minutos.

6) Colocar os molhos prontos nos baldes de plástico e levar em seguida à geladeira de resfriados. Colocar etiqueta de validade.

Glúten	PODE CONTER TRAÇOS DE GLÚTEN.	
Lactose	PODE CONTER TRAÇOS DE LACTOSE.	
Alergênicos		
DESENVOLVIDO POR	APROVADO POR	DATA

Figura 7.7. Modelo de ficha técnica operacional de produção de molho de tomate ao sugo (esta ficha será compartilhada com outros produtos finais).

FICHA TÉCNICA OPERACIONAL DE PRODUÇÃO					FTP Nº 00007			REVISÃO: 00/2021	
Nome do produto	PENNE COZIDO								
Grupo	MASSAS								
Unidade de medida	KG – QUILO					Peso da porção			0,250
Rendimento	**10**					Qtde. p/ explosão da receita			45
Matéria-prima	Qtde. líquida	Unid.	Rend. %	Qtde. bruta	Qtde. líquida *per capita*	Qtde. bruta *per capita*	Qtde. líquida explosão	Qtde. bruta explosão
PENNE SECO PCT 500 G	2,5000	kg	250,00%	1,0000	0,250	0,100	11,250	4,500
SAL REFINADO	0,0800	kg	100,00%	0,0800	0,008	0,008	0,360	0,360
ÁCUA DE TORNEIRA	10,0000	L	100,00%	10,0000	1,000	1,000	45,000	45,000
Armazenamento	Manter sobre o fogão.							
Va idade	Somente para o período preparado, 1 dia.							

MODO DE PREPARO
1) Cozinhar a massa em panela de 10 litros.
2) Aguardar fervura e colocar a massa seca com o sal. Cozinhar por 8 minutos.
3) Após cozido, escorrer a água quente e passar água fria.
4) Manter o penne cozido no escorredor.

Glúten	PODE CONTER TRAÇOS DE GLÚTEN.
Lactose	PODE CONTER TRAÇOS DE LACTOSE.
Alergênicos	

DESENVOLVIDO POR	APROVADO POR	DATA

Figura 7.8. Modelo de ficha técnica operacional de produção de penne (esta ficha será compartilhada com pratos de penne com outros molhos, por exemplo, molho branco).

FICHA TÉCNICA OPERACIONAL DE PRODUÇÃO				FTP Nº 00008			REVISÃO: 00/2021	
Nome do produto	PENNE AO MOLHO SUGO COM SACHÊ DE QUEIJO PARMESÃO							
Grupo	MASSAS							
Unidade de medida	KG – QUILO							
Rendimento	1							45
Matéria-prima	Qtde. líquida	Unid.	Rend. %	Qtde. bruta	Qtde. p/ explosão da receita		Peso da porção	
					Qtde. líquida *per capita*	Qtde. bruta *per capita*	Qtde. líquida explosão	Qtde. bruta explosão
PENNE COZIDO – FTP	0,2500	kg	100,00%	0,2500	0,250	0,250	11,250	11,250
MOLHO DE TOMATE AO SUGO – FTP	0,1500	kg	100,00%	0,1500	0,150	0,150	6,750	6,750
QUEIJO RALADO SACHÊ 10 G	1,0000	Unid.	100,00%	1,0000	1,000	1,000	45,000	45,000
Armazenamento	Servir o prato logo após montado.							
Validade	Consumo imediato.							

MODO DE PREPARO

1) Pesar uma porção de 250 g de penne cozido e colocar no centro do prato.

2) Cobrir a massa com 150 g de molho de tomate ao sugo, equivalente a uma concha cheia.

3) Servir o cliente com o queijo servido à parte.

4) Verificar se o prato está limpo para servir.

Glúten	PODE CONTER TRAÇOS DE GLÚTEN.
Lactose	PODE CONTER TRAÇOS DE LACTOSE.
Alergênicos	

DESENVOLVIDO POR	APROVADO POR	DATA

Figura 7.9. Modelo de ficha técnica operacional de produção do prato penne ao molho sugo com sachê de queijo parmesão.

FICHA TÉCNICA OPERACIONAL DE PRODUÇÃO		FTP Nº 00009			REVISÃO: 00/2021			
Nome do produto	MAIONESE DE ALHO							
Grupo	MOLHOS							
Unidade de medida	KG – QUILO				Peso da porção			0,150
Rendimento	65				Qtde. p/ explosão da receita			45
Matéria-prima	Qtde. líquida	Unid.	Rend. %	Qtde. bruta	Qtde. líquida *per capita*	Qtde. bruta *per capita*	Qtde. líquida explosão	Qtde. bruta explosão
ALHO Nº 5 SEM CASCA	4,0000	kg	100,00%	4,0000	0,062	0,062	2,769	2,769
GEMA DE OVO PASTEURIZADA	1,5000	L	100,00%	1,5000	0,023	0,023	1,038	1,038
LIMÃO TAITI PESO MÉDIO 100 G	0,7400	kg	75,51%	0,9800	0,011	0,015	0,512	0,678
ÓLEO DE CANOLA	3,5000	kg	100,00%	3,5000	0,054	0,054	2,423	2,423
SAL REFINADO	0,0100	kg	100,00%	0,0100	0,000	0,000	0,007	0,007
Armazenamento	Manter na geladeira.							
Validade	Validade recomendada pelo departamento de qualidade.							

MODO DE PREPARO	
1) Pesar todos os ingredientes.	
2) Extrair o suco dos limões.	
3) Bater tudo no liquidificador por alguns minutos até se obter um creme.	
Glúten	PODE CONTER TRAÇOS DE GLÚTEN.
Lactose	PODE CONTER TRAÇOS DE LACTOSE.
Alergênicos	
DESENVOLVIDO POR	APROVADO POR	DATA

Figura 7.10. Modelo de ficha técnica operacional de produção de maionese de alho.

FICHA TÉCNICA OPERACIONAL DE PRODUÇÃO					FTP Nº 00010		REVISÃO: 00/2021		
Nome do produto	CHEESEBURGER DUPLO COM MAIONESE DE ALHO								
Grupo									
Unidade de medida	UNID. – UNIDADE				Peso da porção				
Rendimento	1				Qtde. p/ explosão da receita				45
Matéria-prima	Qtde. líquida	Unid.	Rend. %	Qtde. bruta	Qtde. líquida *per capita*	Qtde. bruta *per capita*	Qtde. líquida explosão	Qtde. bruta explosão
PÃO DE HAMBÚRGUER	1,0000	Unid.	100,00%	1,0000	1,000	1,000	45,000	45,000
HAMBÚRGUER 90 G INDUSTR.	2,0000	Unid.	100,00%	2,0000	2,000	2,000	90,000	90,000
MAIONESE DE ALHO – FTP	0,1500	kg	100,00%	0,1500	0,150	0,150	6,750	6,750
QUEIJO PRATO FATIADO PRONTO	0,0400	kg	100,00%	0,0400	0,040	0,040	1,800	1,800
Armazenamento	Servir o prato logo após montado.							
Validade	Consumo imediato.							

MODO DE PREPARO	
1) Separar todos os ingredientes no balcão e reservar.	
2) Grelhar os dois hambúrgueres no ponto solicitado pelo cliente.	
3) Colocar as duas fatias de queijo sobre a carne.	
4) Colocar o hambúrguer com queijo sobre o pão.	
5) Adicionar a maionese sobre o queijo.	
Glúten	PODE CONTER TRAÇOS DE GLÚTEN.
Lactose	PODE CONTER TRAÇOS DE LACTOSE.
Alergênicos	
DESENVOLVIDO POR	APROVADO POR	DATA

Figura 7.11. Modelo de ficha técnica operacional de cheeseburger duplo com maionese de alho.

Quadro 7.2. Produtos com ficha técnica de produção compartilhada.

PRODUTOS	PRATOS				
Arroz arbório pré-cozido	Risoto de *funghi*	Risoto de 4 queijos	Risoto de abobrinha	Risoto de palmito	–
Batata da variedade para cozinhar descascada, inteira	Batata *sauté*	Purê de batata	Jardineira de legumes	Batatas coradas	Nhoque
Batata da variedade para fritura com casca, inteira	Batata rústica	Batata rosti	Batata palito frita	–	–
Caldo de legumes	Para regenerar risotos	Para regenerar molhos	–	–	–
Cebola roxa em anéis	Acompanhamento de hambúrgueres	*Bowl* de saladas diversas	Cebola caramelizada	–	–
Cenoura inteira descascada	Cenoura *sauté*	Purê de cenoura	Jardineira de legumes	–	–
Feijão-carioca cozido (com e sem caldo)	Feijão-tropeiro (sem caldo)	Feijão normal (com caldo)	Baião de dois (sem caldo)	*Chilli* (sem caldo)	Hambúrguer de feijão (sem caldo)
Maionese melhorada para uso em hambúrgueres	Acompanhamento de todos os hambúrgueres	Acompanhamento de *bowls* de salada	Venda de maionese complementar	–	–
Molho de tomate ao sugo	Acompanhamento de pratos de massas diversas	*Parmegianas* e polpetones	Utilização em outros pratos da casa	–	–
Salsa picada com talo	Molhos diversos	Tempero de carnes	Molho pesto para macarrão	–	–
Salsa picada sem talo, mais folhas	Molhos diversos	Decoração dos pratos	Ingrediente de suco	–	–
Vagem macarrão inteira selecionada	Vagem na manteiga	Para compor saladas	Jardineira de legumes	Risotos	–

VALIDADE DO PRODUTO

Quando se fala de validade do produto, refere-se ao período que alguns alimentos, bebidas e outros produtos perecíveis se encontram íntegros e adequados para o consumo. O período de validade tem início na data da produção do produto e termina quando ele estiver fora dos padrões de distribuição, armazenamento, venda e consumo.

O prazo de validade depende de diversos fatores internos e externos, por exemplo, a qualidade dos ingredientes utilizados, as condições e os processos de produção e armazenamento, desde qual o tipo de embalagem utilizada até a forma de armazenamento.

A data de validade é importante pois garante ao cliente que o consumo do produto dentro daquele período não oferece riscos para a saúde, como uma doença transmitida por alimentos (DTA).

DETERMINAÇÃO DA VALIDADE

Normalmente, a validade de um produto é determinada por meio de testes e análises laboratoriais, em que as características sensoriais, físicas e microbiológicas são avaliadas. Os testes são realizados em diferentes condições controladas (temperatura e umidade), para avaliar as possíveis deteriorações que podem ocorrer e alterar as características e a qualidade do produto.

Dessa maneira, consegue-se conhecer em quanto tempo essa perda de características aconteceu, com o produto ainda embalado ou no caso de já ter sido aberto.

No entanto, como determinar a data de validade de produtos fabricados nos negócios de alimentos e bebidas (A&B), como molhos, maioneses e outros produtos semiacabados? Para responder a essa pergunta, é importante conhecer os procedimentos legais e contar com a ajuda de um profissional de segurança de alimentos, que garantirá resultados mais seguros e que não prejudicam a qualidade dos produtos, influenciando, assim, os resultados de produtividade e até o crescimento de vendas.

A validade dos produtos fabricados é um dos temas mais abordados entre gestores dos negócios de alimentos e bebidas (A&B). Eles sabem que aumentar a validade dos produtos pode melhorar a produtividade, otimizar a mão de obra e, como consequência, aumentar a lucratividade.

Outro fator importante a ser considerado é quando, com o objetivo de aumentar as vendas, os gestores comercializam os produtos para, por exemplo, lanchonetes, cafeterias, restaurantes, *buffets* de eventos, hamburguerias, lojas de conveniência de postos de gasolina, o que torna necessário, portanto, o desenvolvimento de produtos com prazo de validade maior.

Produtos atraentes, saborosos e competitivos são essenciais para se comprar ou vender, porém a data de validade também deve ser um fator de decisão.

Segundo a Agência Nacional de Vigilância Sanitária (Anvisa), no *Guia para determinação de prazos de validade de alimentos*, entende-se por validade, ou *shelf-life* (vida útil ou vida de prateleira), "o intervalo de tempo no qual o alimento permanece seguro e adequado para consumo, desde que armazenado de acordo com as condições estabelecidas pelo fabricante" (BRASIL, 2018). Isso significa que o alimento deve:

- Permanecer seguro para consumo, ou seja, não causar infecções e intoxicações alimentares em razão da presença de micro-organismos patogênicos ou da produção de toxinas (bacterianas ou fúngicas) durante o armazenamento.
- Manter suas características, ou seja, não apresentar perda significativa de nutriente ou componente, considerando os requisitos de composição – como, no caso, dos suplementos alimentares, dos alimentos para fins especiais e dos alimentos com alegações nutricionais – e as regras de rotulagem e tolerância regulamentadas por órgãos oficiais.
- Manter sua qualidade sensorial e não se deteriorar.

O empreendedor deve ter a preocupação de oferecer aos seus clientes produtos de boa qualidade, visível e perceptível, como sabor, textura, atratividade visual, e invisível, que garanta a saúde do cliente e que esteja dentro dos requisitos regulamentados.

Por exemplo, o pão francês comercializado na padaria tem vida útil, definido pela Associação Brasileira de Normas Técnicas (ABNT), de quatro horas depois que sai do forno. Depois desse período, suas características – aspecto da crosta interna, crocância (o famoso som do pão fresco), textura, estrutura do miolo, sabor e aroma – se alteram, deixando de atender a um dos requisitos de validade, a qualidade sensorial.

FATORES INFLUENCIADORES

Os fatores que podem melhorar a validade dos produtos, conforme destaca a Anvisa, são:

- **Refrigeração:** alimentos cozidos ou assados servidos frios devem ser submetidos imediatamente a resfriamento para evitar o rápido aumento de bactérias presentes em alimentos quentes e que aceleram a deterioração. Atualmente, muitos estabelecimentos utilizam equipamentos de refrigeração rápida, que não sofrem com o armazenamento de alimentos ainda quentes.
- **Embalagem:** é primordial para proteger um alimento após o processamento. No caso da embalagem a vácuo, pode ser com atmosfera modificada ATM (alteração do ambiente gasoso) ou sem ATM, para prolongar o prazo de validade. Essas embalagens são mais usadas em indústrias. Por exemplo, podem ser embalados a vácuo diversos hortifrútis processados, frios fatiados ou carnes cruas. Alguns estabelecimentos de A&B utilizam esse procedimento para armazenar folhosos higienizados para diminuir a velocidade de deterioração. É importante observar a qualidade do saco plástico para que se garanta a vedação perfeita.
- **Boas práticas de fabricação:** para ampliar o prazo de validade do produto, garantindo a alta qualidade, é fundamental implantar boas práticas de fabricação, que têm o objetivo de reduzir a contaminação cruzada. Os locais onde serão processados os alimentos devem apresentar condições que garantam o controle bacteriano, pois, quanto maior o número de bactérias no ambiente, maior a probabilidade de haver contaminação e reduzir seu prazo de validade. Manter o ambiente de manuseio dos alimentos higienizado garante produtos com vida útil mais longa.
  Conforme a resolução n. 216 da Anvisa, "durante a preparação dos alimentos, devem ser adotadas medidas a fim de minimizar o risco de contaminação cruzada. Deve-se evitar o contato direto ou indireto entre alimentos crus, semipreparados e prontos para o consumo" (BRASIL, 2004, p. 25).
  Para exemplificar a contaminação cruzada, podemos citar quando um colaborador utiliza tábua de corte de carne de boi (tábua de cor vermelha) para fatiar tomate para salada. O tomate, provavelmente, será contaminado com as bactérias presentes na carne.
- **Pasteurização:** técnica que está sendo muito utilizada para alimentos líquidos, resultando em ampliação significativa do prazo de validade, desde que o tempo e a temperatura aplicados sejam adequados e o

resfriamento seja gerenciado corretamente. Tem sido muito utilizada por restaurantes e pequenas indústrias para comercialização de geleias, molhos e doces.

- **Temperatura de armazenamento:** quando os alimentos são submetidos à refrigeração rápida e ao congelamento, interrompendo o crescimento da maioria dos micro-organismos, pode-se aumentar a validade do produto em até três meses.

CASO 28 – AUMENTANDO A VALIDADE DOS SANDUÍCHES COM BOAS PRÁTICAS DE FABRICAÇÃO

Estabelecimento
Indústria de alimentos localizada na cidade de São Paulo.

Cenário encontrado
O empreendedor ofereceu seu produto a um cliente, que poderia adquirir uma quantidade grande de seus produtos resfriados desde que eles tivessem validade de cinco dias, mantendo as mesmas características das amostras.

A validade, no entanto, era de três dias, e não atendia às exigências do estabelecimento para a comercialização.

Encaminhamento e soluções
Foram avaliadas as estruturas da indústria e analisados em detalhe os documentos relacionados às boas práticas de fabricação e aos procedimentos operacionais. Também foi analisada toda a cadeia de produção do estabelecimento, inclusive conhecer os líderes por etapa e área de qualidade.

Foram identificados os pontos de contaminação cruzada que deveriam ser corrigidos, pois estavam impactando negativamente a qualidade dos produtos, e todos os processos de produção foram revisados.

- Colaboradores: receberam novos treinamentos de higiene e manipulação dos produtos.
- Recebimento de mercadoria: local organizado e adequado para recebimento, conferência rigorosa de qualidade e controle de temperatura. Implantação de rastreabilidade completa.
- Armazenamento: monitoramento da temperatura três vezes por dia e conferência das condições corretas de armazenamento.
- Produção: monitoramento de tempo e temperatura de produção.
- Higiene: controle de higiene rigoroso de todos os ambientes, equipamentos e utensílios.

Além disso, foram implantados documentos de qualidade para registrar todas as etapas pelas quais passava cada produto.

Após as mudanças terem sido efetuadas, um novo lote de produtos foi encaminhado ao laboratório de análise para determinação da validade (*shelf-life*), o que comprovaria tecnicamente que a exigência do futuro cliente havia sido atendida.

A indústria também passou por nova auditoria de qualidade e alcançou notas satisfatórias e adequadas para o fornecimento.

Resultados

Para satisfação de todos os envolvidos, as análises de laboratório comprovaram que os produtos atingiram a validade solicitada.

O aprendizado para o negócio foi de que é muito importante manter a higiene de onde se prepara os alimentos, para garantir a qualidade dos produtos, seja ela perceptível ou invisível, e, consequentemente, a segurança alimentar. Além disso, o aumento do prazo de validade também elevou a lucratividade do empreendimento.

PRODUTIVIDADE COM USO DE TECNOLOGIA

9

Como disse o pensador Benjamim Franklin (1706-1790), "tempo é dinheiro". Nos negócios, essa frase parece ganhar ainda mais força atualmente. Usar o tempo com inteligência é aproveitar melhor o seu tempo útil e aumentar a produtividade.

Quando os negócios de alimentos e bebidas (A&B) têm iniciativas que tornam a operação mais eficiente, poupam-se tempo e recurso para se obter resultados desejáveis e, assim, mais rentáveis.

Desse modo, a tecnologia é uma ferramenta muito importante para otimização das atividades e a maximização do lucro. Assim, investir nessa área pode alavancar os ganhos e melhorar a eficiência dos negócios.

A tecnologia aprimora processos de produção e de armazenagem, aumenta a validade do produto, sem comprometer a qualidade dos alimentos, além de possibilitar que uma variedade de produtos chegue aos clientes mais distantes geograficamente.

PRODUÇÃO ANTECIPADA

Produção antecipada é um tipo de produção que trabalha com a cadeia fria de alimentos, isolando os processos de vendas dos de produção. Quando ocorrem simultaneamente, a pressão para atender ao cliente pode prejudicar os processos de produção limpa, organizada e sem desperdícios, e os de higienização.

A produção antecipada permite realizar, na véspera ou mais dias antes, a manipulação e a produção de alimentos, trazendo diversas vantagens:

- Produção dedicada, sem venda simultânea (cozinha de produção).
- Distribuição de tarefas e organização de atividades do quadro de mão de obra, permitindo planejamento de produção e horário de trabalho.
- Planejamento, resultando em redução de desperdício, monitoramento de metas de rendimento e controle dos custos.
- Aproveitamento de oferta de produtos sazonais, com baixo custo e excelente qualidade.
- Atender a uma demanda maior nos fins de semana, feriados ou em momentos de pico de venda, sem necessidade de aumento de área estrutural e quadro de colaboradores (cozinha de finalização, momentos de regeneração de produtos congelados).

A produção antecipada ganha terreno na busca por melhorias das técnicas, é mais vantajosa sob aspectos higiênicos e sanitários, aumenta a *performance* e, consequentemente, eleva a lucratividade do negócio.

Sistemas *cook chill, cook freezer* e *sous-vide*

Alves (2018) afirma que a busca por melhorias das formas de conservação de alimentos sempre foi uma constante, seja desenvolvendo técnicas de produção, seja utilizando equipamentos que possam garantir o prolongamento da vida útil, evitando, assim, que os alimentos sofram alterações de nutrientes, textura, aparência e sabor, e, claro, que estraguem muito rápido.

No caso da produção antecipada da cadeia fria, é preciso ter métodos de resfriamento e congelamento, nos quais os produtos são submetidos a baixas temperaturas em equipamentos especializados, e, desse modo, os micro-organismos desenvolvem-se mais lentamente e os produtos obtêm um tempo maior de conservação.

Os sistemas mais utilizados e seguros para a produção antecipada são *cook chill, cook freezer* e *sous-vide*. Qualquer que seja o sistema escolhido, é importante que esteja à frente um profissional especializado em segurança alimentar para acompanhamento, orientação e manutenção dos cuidados no controle sanitário.

Cook chill

O *cook chill*, traduzido como "cozinhar e resfriar", é uma tecnologia que consiste em preparar os alimentos de maneira tradicional, por cozimento e cocção, e, imediatamente depois de serem porcionados, resfriá-los a temperatura e tempo controlados, armazenando-os, em seguida, em refrigerador apropriado (ALVES, 2018).

Essa técnica evita a contaminação pela proliferação de bactérias, preservando as qualidades nutricionais dos alimentos e mantendo textura e sabor originais (LUCENTINI, 2014). Antes de serem consumidos, devem passar pelo processo de aquecimento ou regeneração.

O resfriamento deve ser rápido e imediato, para não haver risco de contaminação, garantindo a manutenção das características organolépticas. Câmaras e freezers não são recomendados, pois essa técnica exige equipamentos de refrigeração rápida, conhecidos como "resfriadores rápidos". A figura 9.1 mostra o fluxo simplificado do sistema *cook chill*.

Alimentos resfriados podem ser reaquecidos em fornos combinados (grandes quantidades) ou micro-ondas e banho-maria (pequenas quantidades).

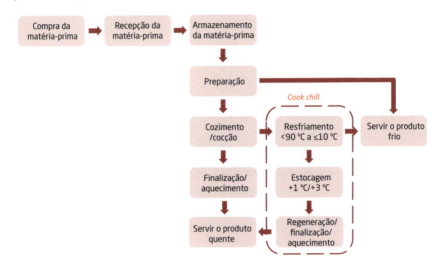

Figura 9.1. Fluxo simplificado do sistema *cook chill*.
Fonte: adaptado de Alves (2018).

Quadro 9.1. Exemplo de produção antecipada aplicando o sistema *cook chill*.

FEIJÃO-CARIOCA COZIDO DE VÉSPERA	
Etapas	Procedimento
Cocção do feijão-carioca	Cozinhar a quantidade suficiente de feijão para o dia seguinte; sistema tradicional.
Temperar	Temperar conforme procedimento da casa, normalmente utilizando todos os ingredientes.
Porcionar	Distribuir o feijão cozido em GN* rasos ou médios.
Resfriar	Levar os GN com feijão quente ao resfriador rápido até atingir a temperatura de 3 °C, por 60 min a 90 min.
Armazenar na câmara fria	Armazenar os GN tampados, etiquetados em câmaras frias em temperaturas entre 1°C e 3 °C.
Esquentar, regenerar no dia seguinte	No dia seguinte, levar os GN com feijão cozido e resfriado ao forno combinado para aquecer até atingir 70 °C no centro geométrico.

*GN ou *gastronorm* são recipientes de aço inox com dimensões mundialmente padronizadas. São utilizados no serviço de alimentação para manipulação, conservação, cocção e distribuição de alimentos.

Alguns benefícios na utilização do sistema *cook chill* são citados por Alves (2018):

- **Economia de mão de obra:** pode-se controlar melhor a demanda de produção quando se sabe onde e em que horário ela é maior.
- **Antecipação da produção:** os produtos poderão ser armazenados por um tempo maior, o que possibilita aumentar o volume de produção sem prejudicar a qualidade e reduzir possíveis falhas cometidas por colaboradores nos horários de maior movimento.
- **Redução dos custos nas compras:** ao comprar dos fornecedores em maior quantidade e se beneficiar da sazonalidade de certas matérias-primas, é possível negociar preços mais atraentes.
- **Redução de desperdícios:** na produção antecipada com foco na produção, haverá monitoramento de rendimento tanto nos pré-preparos como na cocção.
- **Maior garantia de boa qualidade:** mantém textura e sabor dos alimentos, pois o resfriamento rápido reduz a proliferação de micro-organismos e aumenta a vida útil dos produtos.

Resumidamente, o sistema *cook chill* é interessante para o negócio de alimentos que deseja melhorar seu processo de preparação e, inclusive, aumentar os lucros, desde que sejam mantidos os cuidados na manipulação e na armazenagem em temperaturas corretas para cada tipo de produto.

Cook freezer

O sistema *cook freezer* é um processo de congelamento rápido, após cocção, que evita a formação de macrocristais de gelo e mantém todas as características do produto. A temperatura do alimento deve chegar a −18 °C em até quatro horas. A figura 9.2 apresenta o fluxo simplificado do *cook freezer*.

O reaquecimento ou regeneração deve ser feito em fornos combinados até atingir a temperatura de segurança de 74 °C no centro geométrico dos alimentos.

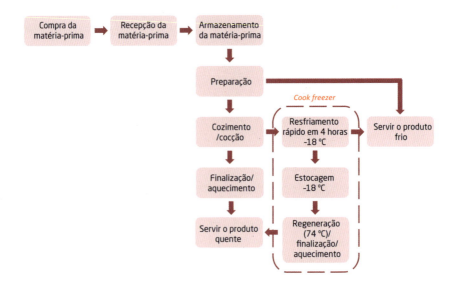

Figura 9.2. Fluxo simplificado do sistema *cook freezer*.
Fonte: adaptado de Alves (2018).

É importante lembrar que, para a implantação de qualquer sistema, são imprescindíveis:

- Colaboradores treinados e qualificados para sua execução.
- Planejamento para evitar erros, como falta de acessórios ou equipamentos inadequados.
- Constante acompanhamento de todo o processo.
- Imediata correção dos desvios identificados.

Quadro 9.2. Exemplo de produção antecipada aplicando o sistema *cook freezer*.

ARROZ COZIDO	
Etapas	Procedimento
Cocção tradicional do arroz	Cozinhar o arroz na panela normalmente.
Cocção do arroz no forno combinado	Colocar o arroz cru com água fria no GN.* Adicionar óleo, sal e temperos crus ou refogados.
Porcionar arroz cozido	Se o arroz foi cozido em panela, colocar em GN rasos ou médios.
Congelar arroz cozido no GN	Levar os GN com arroz cozido (no sistema tradicional ou cozido no forno combinado) ao resfriador rápido e congelar até atingir a temperatura de –18 °C.
Armazenar na câmara de congelados	Armazenar os GN tampados e etiquetados em câmaras de congelados.
Regeneração do arroz cozido	Regenerar (aquecer) o arroz cozido congelado em GN no forno combinado até atingir 70 °C no centro geométrico. Servir.

*GN ou *gastronorm* são recipientes de aço inox com dimensões mundialmente padronizadas. São utilizados no serviço de alimentação para manipulação, conservação, cocção e distribuição de alimentos.

No Brasil, não existe regulamentação específica para os processos *cook chill* e *cook freezer*. A resolução n. 216 da Anvisa apenas determina que:

> O processo de resfriamento de um alimento preparado deve ser realizado de forma a minimizar o risco de contaminação cruzada e a permanência do mesmo em temperaturas que favoreçam a multiplicação microbiana. A temperatura do alimento preparado deve ser reduzida de 60 °C (sessenta graus Celsius) a 10 °C (dez graus Celsius) em até duas horas. Em seguida, o mesmo deve ser conservado sob refrigeração a temperaturas inferiores a 5 °C (cinco graus Celsius), ou congelado à temperatura igual ou inferior a −18 °C (dezoito graus Celsius negativos). (BRASIL, 2004, p. 25)

A utilização do sistema *cook freezer* pode servir para a comercialização de produtos congelados, que pedem data de validade ampla, por exemplo, refeições prontas, massas, molho de tomate, bolos, pudins, sanduíches, quiches, salgados, entre outros produtos.

Sous-vide

O sistema *sous-vide*, traduzido do francês como "sob vácuo", foi criado na França nos anos 1970 pelo *chef* Georges Pralus, do restaurante Troisgros, quando, procurando melhorar a técnica de preparo do *foie gras* sem perder a qualidade do produto final, constatou que, se colocasse um alimento em uma embalagem a vácuo e cozinhasse em temperatura baixa por um tempo maior que o tradicional, obteria não só um rendimento maior como também melhor sabor do produto (ALVES, 2018).

Lucentini (2014) define o sistema *sous-vide* como a técnica de cocção na qual se coloca um alimento em sacos plásticos especiais a vácuo (embalagem sem oxigênio) para cozinhar em temperaturas controladas, normalmente entre 40 °C e 90 °C, mantendo sua integridade em relação ao sabor e à umidade.

Esse processo mantém todas as características do alimento, como sabor e textura, evita a perda de umidade e, ainda, oferece segurança alimentar, pois elimina os riscos de contaminação por bactérias, uma vez que os alimentos são pasteurizados totalmente, em uma combinação de tempo e temperatura ideais. A figura 9.3 apresenta um fluxo simplificado do sistema *sous-vide*.

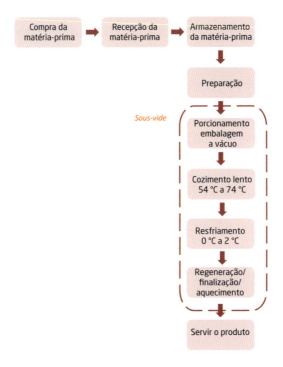

Figura 9.3. Fluxo simplificado do sistema *sous-vide*.
Fonte: adaptado de Alves (2018).

O processo de *sous-vide* pode ser aplicado a alimentos crus ou cozidos parcialmente. Por exemplo, as carnes, como *steaks* ou filés de frango, podem ser seladas em chapas com canaletas para ficarem com a marca das grelhas, tornando os produtos mais apetitosos. A utilização de carnes menos macias é muito oportuna nesse sistema.

Uma das grandes vantagens da utilização desse sistema nas carnes é a obtenção de um produto com alta qualidade, extremamente macio e com rendimento alto, uma vez que não há perda de líquido.

A beterraba crua obtém resultado excelente quando submetida ao *sous-vide*, pois, ao final do processo, apresenta coloração viva e sabor acentuado.

O sistema *sous-vide* requer equipamentos apropriados, como seladora a vácuo, forno combinado com recipientes, resfriador rápido e equipamentos de armazenamento adequados. Além disso, a embalagem deve ter alta resistência térmica e mecânica.

Alves (2018) descreve alguns benefícios da utilização desse sistema:

- Preservação de todos os nutrientes dos alimentos.
- Sabor e aparência muitas vezes melhores que os obtidos em sistema convencional.
- Cozimento uniforme.
- Maior rendimento, pois há menor perda de líquido.
- Vegetais mais crocantes e com textura firme.
- Temperos com sabor mais intenso (como o preparo é mais longo, os alimentos têm mais tempo para absorvê-los).

É importante conhecer o tempo e a temperatura exatos de cocção de cada alimento e levá-los imediatamente, após o cozimento, para resfriamento rápido, garantindo a não multiplicação de esporos, bem como a manutenção da cadeia do frio.

O sistema *sous-vide* tem a grande vantagem de ampliar a data de validade dos produtos que passam por essa técnica para até 18 meses congelados e sem adição de conservantes (ZAGO, 2019). Os alimentos devem ser armazenados com etiquetas que contenham as seguintes informações: nome do produto, data de fabricação, data de validade e condições de armazenamento. Para segurança e qualidade dos alimentos, o acompanhamento e a validação de um profissional da qualidade são fundamentais.

Quanto às desvantagens, Alves (2018) cita o alto investimento em equipamentos que garantam o controle de temperatura e a segurança alimentar. Se as temperaturas forem baixas, os produtos ficam mais propensos à contaminação por micro-organismos.

Utilização dos sistemas de produção

Como vimos, a utilização de técnicas modernas de produção traz grande melhoria na produtividade e garante a qualidade e a segurança dos alimentos para os negócios de A&B.

Não é preciso que um empreendimento utilize um único tipo de sistema de produção. Sistema tradicional, *cook chill*, *cook freezer* e *sous-vide* podem ocorrer simultaneamente, considerando o que é mais adequado para a especificação de cada produto.

Para isso, é necessário avaliar quais preparações podem ser efetuadas com antecedência e programar a produção conforme as etapas e os fluxos (figura 9.4).

*GN ou *gastronorm* são recipientes de aço inox com dimensões mundialmente padronizadas. São utilizados no serviço de alimentação para manipulação, conservação, cocção e distribuição de alimentos.

Figura 9.4. Fluxo de planejamento de cardápio.

O quadro 9.3 apresenta um exemplo de planejamento de cardápio e programação de produção que utiliza os quatro tipos de sistemas de cozinha.

Quadro 9.3. Exemplo de prato que usa as quatro técnicas de produção.

CARDÁPIO Arroz branco, arroz integral, feijão-carioca, maminha ao molho roti, costela suína ao molho *barbecue*, brócolis ao alho e óleo, batata frita, torta de frango com palmito, salada de folhas, pudim de tapioca e bolo de chocolate				
	Cook chill	Cook freezer	Sous-vide (produção noturna)	Tradicional
Produção antecipada	Arroz branco ←→ Arroz branco Arroz integral ←→ Arroz integral Molho roti Brócolis a vapor	Recheio de frango e palmito Torta assada de frango e palmito Pudim de tapioca Bolo de chocolate	Costela suína Maminha	Lavar as folhas e envasar a vácuo até 3 dias antes
Dia de servir	Regenerar (esquentar e descongelar) Montar *buffet*			Preparar o feijão-carioca Montar saladas Fritar a batata
	Servir			

Quando desenvolvemos capacidade técnica para usar as novas tecnologias de produção que existem no mercado, conseguimos compreender e propor soluções para que os processos produtivos se tornem mais práticos, seguros e economicamente mais viáveis aos negócios de A&B.

CASO 29 – PRODUÇÃO ANTECIPADA

Estabelecimento

Restaurante por quilo situado na zona sul da cidade de São Paulo.

Cenário encontrado

O restaurante trabalhava com o sistema de venda por quilo. Tinha uma área de produção muito pequena e um salão com capacidade para atender até 400 clientes na hora do almoço, no sistema tradicional de produção.

À medida que aumentava a clientela, as dificuldades internas também cresciam.

Encaminhamento e soluções

O empreendedor resolveu apostar no sistema de produção antecipada, investindo em forno combinado e resfriador rápido.

Pesquisou equipamentos, treinou a equipe e, assim, com planejamento, preparava os alimentos antecipadamente, otimizando as horas de trabalho de seus colaboradores.

Fez pequenas reformas para ajustar o estabelecimento ao novo modelo de produção, e o cardápio era cuidadosamente planejado para evitar a sobreposição no uso de equipamentos, ou seja, distribuía a preparação de assados, grelhados e cozidos.

O fogão de seis bocas foi mantido para cocção de feijão, sopas e água quente, apenas para alimentos líquidos. O forno combinado passou a ser usado de maneira mais adequada. O equipamento oferece várias funções, a fim de aumentar a produtividade e obter produtos de qualidade. Muitas vezes, vimos ele sendo utilizado apenas como forno convencional, pela falta de esclarecimento e treinamento dos cozinheiros. Boa comunicação e treinamento são essenciais.

As entregas de hortifrúti foram antecipadas em 24 horas, e os produtos passaram a ser higienizados e embalados a vácuo na véspera, o que fez prolongar a validade e os tornou adequados para consumo por mais tempo.

Todas as proteínas (milanesas, grelhados, assados, etc.) eram produzidas de véspera nos fornos combinados e levadas para congelamento.

Os legumes eram branqueados a vapor no forno combinado. Branqueamento é a técnica de cozimento dos alimentos em água fervente ou a vapor no forno combinado por um curto período seguido pelo resfriamento imediato em um recipiente com água gelada ou no resfriador rápido para interromper o cozimento e manter a crocância do produto.

No dia seguinte, os alimentos congelados e resfriados eram regenerados no forno combinado, faltando poucos minutos para início do serviço. Em alguns modelos de equipamento, o tempo de regeneração do arroz é de cinco a dez minutos.

Resultados

No sistema de produção antecipado, utilizando *cook chill* e *cook freezer*, o restaurante manteve o quadro de seis colaboradores e conseguiu atender até 700 clientes satisfeitos.

A qualidade dos alimentos servidos era impecável, e os desperdícios, mínimos, pois só se regenerava a quantidade necessária de alimentos conforme a demanda.

REFERÊNCIAS

ALTO, Clélio Feres Monte; PINHEIRO, Antonio Mendes; ALVES, Paulo Caetano. **Técnicas de compras**. Rio de Janeiro: Editora FGV, 2009.

ALVES, Alexandre M. **Gestão de processos e fluxo de mercadorias para negócios em alimentação**. São Paulo: Editora Senac São Paulo, 2018. (Série Universitária)

ALVES, Mayk. Diferentes tipos de camarão são criados por pequenos produtores. **Agro 2.0**, 8 dez. 2020. Disponível em: https://agro20.com.br/tipos-camarao. Acesso em: 29 jun. 2021.

ASSOCIAÇÃO BRASILEIRA DA INDÚSTRIA DO TRIGO (ABITRIGO). A farinha de trigo. **Abitrigo**, [s. d.]. Disponível em: http://www.abitrigo.com.br/conhecimento/a-farinha-de-trigo/. Acesso em: 30 jun. 2021.

ASSOCIAÇÃO BRASILEIRA DE CRIADORES DE CAMARÃO (ABCC). Classificação do camarão sem cabeça. **ABCC**, 3 jun. 2016. Disponível em: http://abccam.com. br/site/classificacao-do-camarao-sem-cabeca/. Acesso em: 12 jul. 2021.

ASSOCIAÇÃO BRASILEIRA DE NORMAS TÉCNICAS (ABNT); SERVIÇO BRASILEIRO DE APOIO ÀS MICRO E PEQUENAS EMPRESAS (SEBRAE). **Guia de implementação**: panificação – pão tipo francês. Diretrizes para avaliação da qualidade e classificação. Rio de Janeiro: ABNT/Sebrae, 2015. Disponível em: https://www.sebrae.com.br/Sebrae/Portal%20Sebrae/UFs/RN/Anexos/guia_de_ implantacao_abnt_nbr_16170_pao_frances_1444254820.pdf. Acesso em: 14 ago. 2021.

BALLOU, Ronald H. **Gerenciamento da cadeia de suprimentos**: logística empresarial. 5. ed. Porto Alegre: Bookman, 2006.

BEEFPOINT. Ao ponto: o cozimento perfeito das carnes. **Beefpoint**, 15 mar. 2016. Disponível em: https://www.beefpoint.com.br/ao-ponto-o-cozimento-perfeito-das-carnes/. Acesso em: 24 jun. 2021.

BIBLIOTECA VIRTUAL EM SAÚDE DO MINISTÉRIO DA SAÚDE (BVSMS). Doenças transmitidas por alimentos e água. **BVSMS**, dez. 2007. Disponível em: https:// bvsms.saude.gov.br/doencas-transmitidas-por-alimentos-e-agua-dta/. Acesso em: 13 out. 2022.

BRAGA, Ataíde Ramos. Evolução estratégica do processo de compras ou suprimentos de bens e serviços nas empresas. **Tecnologística**, São Paulo, v. 129, p. 76-81, 2006.

BRAGA, Roberto Magno Meira. **Gestão da gastronomia**: custos, formação de preços, gerenciamento e planejamento do lucro. 5. ed. São Paulo: Editora Senac São Paulo, 2017.

BRASIL. Ministério da Agricultura, Pecuária e Abastecimento. Instrução Normativa n. 21, de 31 de maio de 2017. Aprova o Regulamento Técnico que fixa a identidade e as características de qualidade que deve apresentar o peixe congelado. **Diário Oficial da União**, Brasília, DF, 7 jun. 2017.

BRASIL. Ministério da Agricultura, Pecuária e Abastecimento. Secretaria de Defesa Agropecuária. Instrução Normativa n. 23, de 20 de agosto de 2019. Aprova o Regulamento Técnico que fixa a identidade e os requisitos de qualidade que devem apresentar o camarão fresco, o camarão resfriado, o camarão congelado, o camarão descongelado, o camarão parcialmente cozido e o camarão cozido, na forma desta Instrução Normativa e de seus Anexos. **Diário Oficial da União**, Brasília, DF, 28 ago. 2019.

BRASIL. Ministério da Saúde. Agência Nacional de Vigilância Sanitária (Anvisa). Guia orienta sobre prazos de validade de alimentos. **Anvisa**, 26 nov. 2018. Disponível em: https://www.gov.br/anvisa/pt-br/assuntos/noticias-anvisa/2018/guia-orienta-sobre-prazos-de-validade-de-alimentos. Acesso em: 13 ago. 2021.

BRASIL. Ministério da Saúde. Agência Nacional de Vigilância Sanitária (Anvisa). Resolução n. 216, de 15 de setembro de 2004. Dispõe sobre Regulamento Técnico de Boas Práticas para Serviços de Alimentação. **Diário Oficial da União**, Brasília, DF, 16 set. 2004.

CAMPOS, Jurema Iara. Embrapa seleciona produtores de semente de batata BR SIPR Bel. **Revista Cultivar**, 7 mar. 2013. Disponível em: https://www.grupocultivar.com.br/noticias/embrapa-seleciona-produtores-de-semente-da-batata-brsipr-bel. Acesso em: 19 jun. 2021.

CAVALCANTE, Ronilson Moura. Verificação das potencialidades do camarão de água doce Macrobrachium jelskii (Miers, 1877) com o cultivo em viveiros de tambaqui Colossoma macropomum no município de Alto Alegre, no estado de Roraima. **Ambiente: gestão e desenvolvimento**, Boa Vista, v. 6, n. 1, 2014.

CENTRO DE ESTUDOS AVANÇADOS EM ECONOMIA APLICADA (CEPEA). Boi gordo. **Cepea/Esalq-USP**, [s. d.]. Disponível em: https://www.cepea.esalq.usp.br/br/indicador/boi-gordo.aspx. Acesso em: 18 ago. 2021.

CERQUETANI, Samantha. Berinjela ajuda a emagrecer? Veja os benefícios desse vegetal. **Viva Bem Uol**, 16 mar. 2019. Disponível em: https://www.uol.com.br/vivabem/noticias/redacao/2019/03/16/berinjela-ajuda-a-emagrecer-veja-os-beneficios-desse-vegetal.htm. Acesso em: 19 jun. 2021.

CHOPRA, Sunil; MEINDL, Peter. **Gerenciamento da cadeia de suprimentos**: estratégia, planejamento e operação. São Paulo: Prentice Hall, 2003.

COHEN, Herb. **Você pode negociar qualquer coisa**. Rio de Janeiro: Record, 2000.

COMPANHIA DE ENTREPOSTOS E ARMAZÉNS GERAIS DE SÃO PAULO (CEAGESP). Batata. **Ceagesp**, 26 abr. 2021. Disponível em: https://ceagesp.gov.br/hortiescolha/hortipedia/batata/. Acesso em: 4 abr. 2022.

COMPANHIA DE ENTREPOSTOS E ARMAZÉNS GERAIS DE SÃO PAULO (CEAGESP). Berinjela: guia de identificação. **Ceagesp**, 26 abr. 2021. Disponível em: https://ceagesp.gov.br/hortiescolha/hortipedia/berinjela/. Acesso em: 6 abr. 2022.

COMPANHIA DE ENTREPOSTOS E ARMAZÉNS GERAIS DE SÃO PAULO (CEAGESP). Limão: guia de identificação. **Ceagesp**, 26 abr. 2021. Disponível em: https://ceagesp.gov.br/hortiescolha/hortipedia/limao. Acesso em: 13 out. 2022.

COMPANHIA DE ENTREPOSTOS E ARMAZÉNS GERAIS DE SÃO PAULO (CEAGESP). Morango: guia de identificação. **Ceagesp**, 26 abr. 2021. Disponível em: https://ceagesp.gov.br/hortiescolha/hortipedia/morango/. Acesso em: 6 abr. 2022.

COMPANHIA DE ENTREPOSTOS E ARMAZÉNS GERAIS DE SÃO PAULO (CEAGESP). Sazonalidade dos produtos comercializados no ETSP. **Ceagesp**, [s. d.]. Disponível em: http://www.ceagesp.gov.br/wp-content/uploads/2015/05/produtos_epoca.pdf. Acesso em: 12 jun. 2021.

COSTA, Nelson Pereira da. **Gestão de restaurante**: uma abordagem do investimento até a análise do resultado. Rio de Janeiro: Ciência Moderna, 2016.

COZINHA TÉCNICA. Aspargo/Espargo. **Cozinha técnica**, [s. d.]. Disponível em: https://www.cozinhatecnica.com/2018/04/aspargo-espargo/. Acesso em: 20 jun. 2021.

DIDIER, Dafné. Instrução Normativa n. 21, de 31 de maio de 2017 – Mapa. **Alimentus – Consultoria e Assessoria**, 8 jun. 2017. Disponível em: https://alimentusconsultoria.com.br/instrucao-normativa-21-maio-2017-mapa/. Acesso em: 28 jun. 2021.

DJAPA. Você está consumindo salmão ou truta salmonada? **Djapa**, [s. d.]. Disponível em: https://www.djapa.com.br/curiosidades/voce-esta-consumindo-salmao-ou-truta-salmonada/. Acesso em: 30 jun. 2021.

FEDERAÇÃO DA AGRICULTURA DO ESTADO DO PARANÁ (FAEP). Batata. **Faep**, [s. d.]. Disponível em: http://www.faep.com.br/comissoes/frutas/cartilhas/hortalicas/batata.htm. Acesso em: 19 jun. 2021.

FONSECA, Marcelo Traldi. **Tecnologias gerenciais de restaurantes**. 7. ed. São Paulo: Editora Senac São Paulo, 2014.

GAITHER, Norman; FRAZIER, Greg. **Administração da produção e operações**. 8. ed. São Paulo: Pioneira, 2002.

GUIA DA PESCA. Peixes para sushi e sashimi. **Guia da pesca**, 17 ago. 2007. Disponível em: https://guiadapesca.com.br/peixes-para-sushi-e-sashimi/. Acesso em: 11 jun. 2021.

GUIRADO, Francisco. **Treinamento de negociação**: desenvolvendo a competência para negociar. Brasília: Editora Senac Distrito Federal, 2012.

INSTITUTO DE ECONOMIA AGRÍCOLA (IEA). Farinha de trigo. **Instituto de IEA**, [s. d.]. Disponível em: http://ciagri.iea.sp.gov.br/nia1/Precos_Medios.aspx?cod_sis=3. Acesso em: 8 jul. 2021.

LOPES, Ivã Guidini; OLIVEIRA, Renan Garcia de; RAMOS, Fabrício Menezes. Perfil do consumo de peixes pela população brasileira. **Biota Amazônia**, Macapá, v. 6, n. 2, p. 62-65, abr. 2016.

LUCENTINI, José Carlos. **Gestão operacional de preços e custos em restaurantes**. Rio de Janeiro: Livre Expressão, 2014.

MACHADO, Emerson. Tipos de limão. **Diferença**, [s. d.]. Disponível em: https://www.diferenca.com/tipos-de-limao-e-suas-caracteristicas/. Acesso em: 19 jun. 2021.

MAFRA, Erich. Hambúrguer: como surgiu e virou paixão no Brasil? **Jornal DCI**, 20 jul. 2020. Disponível em: https://www.dci.com.br/empreendedorismo/hamburguer-como-surgiu-e-virou-paixao-no-brasil/483/. Acesso em: 26 ago. 2021.

MANFIMEX. Filé de salmão. **Manfimex**, [s. d.]. Disponível em: http://www.manfimex.com.br/tecnicaseorienta%C3%A7%C3%B5essalm%C3%A3o.htm. Acesso em: 13 abr. 2022.

MARFRIG. **Marfrig manual de carnes**: beef handbook. São Paulo: Grupo Marfrig, 2006.

MASSA MADRE. Conheça 18 diferentes tipos de farinha. **Massa Madre**, 19 jun. 2017. Disponível em: https://massamadreblog.com.br/know-how/curiosidades/conheca-18-diferentes-tipos-de-farinha/. Acesso em: 22 jun. 2021.

MENDONÇA, Charles. Nota técnica sobre a nova classificação do camarão processado, aprovada pela RTIQ – Regulamento Técnico de Identidade e Qualidade do camarão (IN 23/19). **Revista da ABCC**, ano XXIII, n. 1, jan. 2021. Disponível em: https://abccam.com.br/wp-content/uploads/2021/03/

Nota-Tecnica-Charles-Mendonca-3a-Edicao-Digital-da-Revista-da-ABCC-%E2%80%93-Janeiro-2021.pdf. Acesso em: 29 jun. 2021.

MONTES, Eduardo. **Gerenciamento das aquisições**. São Paulo: Escritório de Projetos, 2018.

NISHIO, Erli Keiko. **Cortes alternativos de carnes bovinas**: estudo sobre a utilização de cortes alternativos de carnes bovinas nos restaurantes de coletividade. 2005. Monografia (Especialização) – Faculdade Ítalo Brasileira, São Paulo, 2005.

NISHIO, Erli Keiko; ALVES, Alexandre Martins. **Gestão de negócios de alimentação**: casos e soluções. São Paulo: Editora Senac São Paulo, 2019.

NOVAES, Antonio Galvão. **Logística e gerenciamento da cadeia de distribuição**. Rio de Janeiro: Elsevier, 2007.

NUTRIÇÃO & SAÚDE ANIMAL. Diferenças entre pecuária intensiva e extensiva. **Nutrição & Saúde Animal**, [s. d.]. Disponível em: https://nutricaoesaudeanimal. com.br/pecuaria-intensiva-e-extensiva/. Acesso em: 27 ago. 2121.

OETTERER, Marília; SAVAY-DA-SILVA, Luciana Kimie; GALVÃO, Juliana Antunes. Congelamento é o melhor método para a conservação do pescado. **Visão Agrícola**, n. 11, jul.-dez. 2012. Disponível em: https://www.esalq.usp.br/visaoagricola/sites/default/files/va11-processamento07.pdf. Acesso em: 28 jun. 2021.

POZO, Hamilton. **Administração de recursos materiais e patrimoniais**: uma abordagem logística. 6. ed. São Paulo: Atlas, 2010.

QUADROS, Diomar Augusto *et al.* Composição química de tubérculos de batata para processamento, cultivados sob diferentes doses e fontes de potássio. **Ciência e Tecnologia de Alimentos**, Campinas, v. 29, n. 2, p. 316-323, abr./jun. 2009.

RECETAS ARGENTINAS. Clasificación de las harinas según los países. **Recetas Argentinas**, [s. d.]. Disponível em: https://recetasargentinas.net/clasificacion-de-las-harinas-segun-los-paises/. Acesso em: 8 jul. 2021.

ROCHADEL, André. Conheça os diferentes tipos de farinha e seus usos na cozinha. **Metrópoles**, 16 ago. 2020. Disponível em: https://www.metropoles.com/gastronomia/receita/conheca-os-diferentes-tipos-de-farinha-e-seus-usos-na-cozinha. Acesso em: 22 jun. 2021.

SANTOS, Wilson. Análise da balança comercial de pescado 2019 – parte 1. **Seafood Brasil**, 19 fev. 2020. Disponível em: https://www.seafoodbrasil.com.br/analise-da-balanca-comercial-de-pescado-2019-parte-1-. Acesso em: 30 jun. 2021.

SERVIÇO BRASILEIRO DE APOIO ÀS MICRO E PEQUENAS EMPRESAS (SEBRAE). O sucesso das hamburguerias no mercado brasileiro. **Observatório Sebrae**, 28 maio 2020. Disponível em: https://atendimento.sebrae-sc.com.br/inteligencia/relatorio-de-inteligencia/o-sucesso-das-hamburguerias-no-mercado-brasileiro. Acesso em: 26 ago. 2021.

SINDICATO DA INDÚSTRIA DO TRIGO NO ESTADO DE SÃO PAULO (SINDUSTRIGO). Trigo no mundo. **Sindustrigo**, [s. d.]. Disponível em: https://www.sindustrigo.com.br/historia/. Acesso em: 22 jun. 2021.

SOCIEDADE DA CARNE. Ancho, que corte nobre da carne é esse? **Sociedade da Carne**, 1 out. 2020. Disponível em: https://www.sociedadedacarne.com.br/blog/ancho-que-corte-nobre-e-esse/. Acesso em: 24 jun. 2021.

SPONCHIATO, Diogo. Tilápia, o peixe que dominou o brasil. **Veja Saúde**, 21 fev. 2020. Disponível em: https://saude.abril.com.br/ alimentacao/tilapia-o-peixe-que-domina-o-brasil/. Acesso em: 11 jun. 2021.

TECNOLOGIA NO CAMPO. Angus: saiba tudo sobre a raça. **Tecnologia no Campo**, 29 jan. 2019. Disponível em: https://tecnologianocampo.com.br/angus/. Acesso em: 22 jun. 2021.

VILLA CAMARÃO. Classificação do camarão: como diferenciar na hora da compra. **Villa Camarão**, 1 jan. 2020. Disponível em: https://villapescados.com.br/revista/aprenda-a-classificacao-do-camarao/. Acesso em: 29 jun. 2021.

VIVALDINI, Mauro; PIRES, Sílvio R. I. **Operadores logísticos**: integrando operações em cadeias de suprimento. São Paulo: Atlas, 2010.

ZAGO, Zezé. **Gastronomia e segurança dos alimentos**. São Paulo: Editora Senac São Paulo, 2019. (Série Universitária).

ÍNDICE DE CASOS

Caso 1 – Implantação do departamento de compras, 16
Caso 2 – Implantação do conceito de *supply chain*, 27
Caso 3 – Modelo de compra híbrida, 38
Caso 4 – Tipos de entrega, 43
Caso 5 – Canais de distribuição, 47
Caso 6 – Centro de distribuição, 51
Caso 7 – Fases da negociação, 63
Caso 8 – Negociação estratégica, 67
Caso 9 – Bonificação de produtos, 73
Caso 10 – Cotação de compras com metas, 79
Caso 11 – Contrato de fornecimento, 84
Caso 12 – Terceirização de carnes porcionadas, 93
Caso 13 – Terceirização de sobremesas, 95
Caso 14 – Seleção e armazenamento de morangos, 104
Caso 15 – Especificação da berinjela japonesa na preparação de lasanha, 107
Caso 16 – Batata sem especificação e perda de vendas, 114
Caso 17 – Tamanho do limão, 118
Caso 18 – Especificação de aspargo em *buffet* de salada com preço fixo, 123
Caso 19 – Ensinando a utilizar capa de coxão mole, 128
Caso 20 – Substituição de corte de carne para preparação de hambúrguer, 131
Caso 21 – Estudo de rendimento do miolo da alcatra, 134
Caso 22 – Miolo da paleta, 139
Caso 23 – Reclamação do cliente: *steak* de picanha, 144
Caso 24 – Alteração do *blend* de hambúrguer, 149
Caso 25 – Descobrindo o rendimento e o custo real do salmão, 160
Caso 26 – Rendimento de peixes brancos, 171
Caso 27 – Substituição do tipo da farinha, 181
Caso 28 – Aumentando a validade dos sanduíches com boas práticas de fabricação, 210
Caso 29 – Produção antecipada, 224

ÍNDICE GERAL

Acém, 130
Alcatra, 132
Aspargo, 120
Batata, 108
Berinjela, 106
Blocado, 152
Bonificação, 71
Camarão, 153
Canais de distribuição, 44
Carnes bovinas, 125
Centros de distribuição e operadores logísticos, 48
Compra centralizada, 33
Compra descentralizada, 34
Compra híbrida, 36
Conceituação, 20
Contrafilé, 140
Contratos de fornecimento, 81
Cook chill, 215
Cook freezer, 217
Cotação de compras com metas, 77
Coxão mole, 126
Cupim, 136
Custo conhecido, 88
Determinação da validade, 206
Elementos de negociação, 59
Entrega, 74
  Entrega centralizada, 41
  Entrega ponto a ponto (loja a loja), 40
Equipamentos em comodato, 75
Estágios do desenvolvimento de compras, 12
Ética nas negociações, 69
Farinha de trigo, 174
Fatores influenciadores, 208
Hambúrguer, 145
Hortifrúti, 100
IQF, 152
IVP, 153
Limão, 116
Modelos de compra, 32

Morango, 100
Mudanças culturais em compras, 14
Negociação, 54
  Fases, 61
  Peridiocidade, 74
  Por meio de tecnologias, 57
  Processo, 61
  Negociação, 54
Peixe branco, 163
Pescados, 151
Picanha, 143
Prazo de pagamento, 70
Produção antecipada, 214
Produtos compartilhados, 196
Salmão, 156
Sous-vide, 219
Supply chain, 20
  Aplicação e importância, 23
  O profissional, 24
Terceirização, 89
Transporte, 74
Treinamentos, 76

MISTO
Papel produzido a partir
de fontes responsáveis
FSC® C172712

FSC
www.fsc.org